AF461203

ESSAI DE GÉOGRAPHIE.

TROISIÉME PARTIE.

DICTIONNAIRE GÉOGRAPHIQUE, LATIN-FRANÇOIS.

A PARIS,
Chez THIBOUST, Imprimeur du ROY, Place de Cambray.

M. DCCXLIV.

Avec Approbation & Privilege de Sa Majesté.

ESSAI DE GÉOGRAPHIE.

TROISIÉME PARTIE.

DICTIONNAIRE GÉOGRAPHIQUE, LATIN-FRANÇOIS.

A.

A B

ABALLABA. Applébi.
Abbatis Cella. Appenzel.
Abbatis Villa. Abbeville.
Aballo, ou *Avallo.* Avallon.
Abantis. Négrepont, Isle.
Abares. Les Bulgares, *ou* la Bulgarie.
Abarimon. La Sibérie.
Abdera Bastulorum. Adra, *ou* Alméria.
Abduluates. Trémécen.
Abella vetus. Abella Vecchia.
Abellinum. Avellino.
Abellinates. Peuples d'Italie, dans une partie du Principat, autour d'Avellino.
Aberites. Le Mécran.

A B

Abila. Sierra de Las Monas.
Abobrica, ou *Aobriga.* Baiona.
Abodiacum. Fussen.
Abrinca. Le Havre.
Abrincates. L'Avranchin.
Abrotonum. Quartier de Tripoli de Barbarie, Capitale du Roiiaume de son nom.
Abula. Avila.
Abus. L'Homber.
Abusina Vindelicorum. Abensberg.
Abusus. L'Abens.
Abydos nova. Dardanelle d'Asie.
Acamantis. L'Isle de Cypre.
Acaunum. Saint Maurice en Valais.
Ace. Acre.
Acelum. Azolo.

Acer mons. Aigremont.
Acerra. Gherra, *ou* Anghiéra.
Achaia. Païis de la Turquie Européane, en Morée, dans le Duché de Clarence.
Acherontia nova Peucetiorum. Acérenza, *ou* Cirenza.
Acilio. Aiguillon.
Acincum. Bude.
Acis. L'Iaci, *ou* le Chiaci.
Acis. Sifanto.
Acragas. Gergenti.
Acroceraunia. Les Monts de la Chimére, *ou* du Diable.
Acropolis Attica. Citadelle d'Astines.
Acropolis Corinthia. Citadelle de Coranto.
Acropolis Iberica. Téflis.
Actium. Prévenza.
Acusio, ou *Acunum Segalaunorum.* Ancône en Dauphiné.
Ad Summum Arnam. Somme-Arne.
Ad Summum Axonam. Somme-Aine.
Ad Summum Bionam. Somme-Bione.
Ad Cetium montem. Cillei, limite entre le Norique & la Pannonie.
Ad Flexum. Ouvar.
Ad Jovem. La Sauvetat, *ou* la Salvetat.
Ad Pontem Isis. Ips.
Ad Summum Pidum. Somme-Pi.
Ad Pyrenæum. Le Col de Pertus.
Ad Summum Sartam. Somme-Sarte.
Ad Silanum. Albrac.
Ad Summum Suppiam. Somme-Suipe.
Ad Summum Turbam. Somme-Tourbe.
Ad Turrem. Tourves.
Ad Summum Vidulam. Somme-Vêle.
Ad Vigesimum. Cabanes de Fitor.
Adaia. L'Algerbe.
Adelocum. Idleton.
Adisathra nova. Déli, *ou* Chah-Jéhan-Abad.
Adisathria. Le Roiiaume de Déli.
Adlullia, ou *Adullia.* Douriers.
Adrana. L'Eder.
Adrus. L'Arou.
Aduatici. Peuples d'une partie des Païis-Bas, en Allemagne, autour de Bidbourg dans le Païis de Luxembourg.
Adula. Le Mont de Saint-Godard.
Adunicates. Peuples de Provence, dans le voisinage de Sénès & de Digne.
Adurnum. Edrington.
Æca. Troia.
Ædui. Les Peuples des Diocèses d'Autun, de Châlons sur Sône, de Mâcon, de Lion, de Nevers, de Langres & le Bourbonnois.
Ædui Alesienses. L'Auxois.
Ædui Ambarri. Le Châlonois Bourguignon.
Ædui Lingones. Le Diocèse de Langres.
Ædui Lugdunenses. Le Lionois.
Ædui Matisconenses. Le Mâconois.
Ædui Morvinni. Le Morvan.
Ædui Nivernenses. Partie du Nivernois, dans le Diocèse de Nevers.
Ægates. Favillana, Lévenza, & Marétamo, trois Isles

d'Europe, dans la Méditerranée, proche la Sicile, à la pointe du Val de Mazara.

Ægeum. L'Archipel de la Méditerranée.

Ægida. Cabo d'Istria.

Ægidiopolis. Saint Gilles.

Ægilia. La Cérigote.

Ægilos. Capraia.

Ægina. Egina.

Ægira. Mételin, Isle.

Ægyptus. L'Egypte.

Ægusa Sicula, ou *Aponania.* Favillana.

Ælia Capitolina. Jérusalem.

Æmilia, Voiez, *Emilia.*

Æmilianum Ruthenorum. Millau.

Æminium. Coimbre.

Æmoda Arctoa. Les Isles de Shetland.

Æmoda Occidua. Les Vesternes.

Ænaria. Ischia.

Æni pons inferior. Ottingen.

Æni pons superior. Inspruc.

Ænona. Nona.

Ænus. L'Inn.

Æolides. Les Isles de Lipari.

Æolis. Païis de la Turquie Asiatique, qui fait partie de la Natolie propre.

Æqui. Peuples d'une partie de la Campagne de Rome.

Æquinoctium. Fichemunde.

Aeria. Aire, en Artois.

Aeria Hecatompolis. L'Isle de Candie.

Aeria Mesambolos. L'Egypte.

Æria Vocontiorum. Vaison.

Æsernia. Isernia.

Æsis. L'Iési, *ou* le Fiumésino.

Æstii. Anciens Peuples, qui occupoient la Prusse, la Livonie, la Lithuanie jusqu'à la Ville de Nur, & le milieu de la Masovie, qui s'avance vers la Vistule.

Æthalia. L'Isle d'Elba.

Ætna. Le Mont Gibel.

Æthraa. L'Isle de Rhode.

Æthyopes Anthropophagi ou *Austrini.* Peuples de la Cafrerie.

Æthyopes Barbari, ou *Ortivi.* Peuples du Zanguebar.

Æthyopes Hesperii. Peuples du Congo.

Agara. Agra.

Agaria. Le Roiiaume d'Agra.

Agatha Massiliensium. Agde.

Agathyrsa. Saint Marc.

Agaunum. Saint Maurice en Valois.

Agedincum Senonum. Sens.

Agedunum. Ahun.

Agelli. Clinchamps.

Ager Trevericus. L'Electorat de Trèves.

Agesinates. Voiez, *Cambolectri.*

Aginnum Nitiobrigum. Agen.

Agisimba. Monomotapa, Ville.

Agisimbia. Le Monomotapa, Roiiaume.

Agmantum. Esmans.

Agnio. L'Aa.

Agotus. L'Agout.

Agrigentum. Gergenti.

Agrippina pratorium. Rombourg.

Aguntus. Innichen.

Agyrina. San-Filipo d'Argironé.

Ala Narisca. Aichstet.

Ala nova. Eberdof.

Alabons, ou *Alamons.* Alamon.

Alantia. Alanches.

Alarantes. Tallard.

Alata Castra. Voyez, *Castra.*

Alatrium. Alatri.

Alaunus. Alne.

Alba. Le Ter. L'Albe. L'Alve.

L'Aube. L'Aubette, *ou* l'Aubetin.

Alba, ou *Albia*. L'Auve.

Alba Augusta Helviorum. Abo, *ou* Alps, *ou* Aps en Vivarais.

Alba Curia. Abecour.

Alba Græca. Belgrade.

Alba Julia. Veissembourg.

Alba Leucorum, ou *Albus mons*. Blamont.

Albamarla. Aumale.

Alba Terra. Aubeterre.

Alba Ripa. Auberive.

Albeta. L'Aubette *ou* l'Aubetin. L'Aubois.

Albania. Le Sirvan.

Albantia. L'Aubance.

Albantonium, ou *Alba Antonia*. Aubenton.

Albece Reiorum Apollinarium. Riès.

Albici. Peuples d'une partie de la Provence, aux environs de Riès.

Albiga Eleutherorum. Albi.

Albinia. L'Albégna.

Albinatium. L'Aubenas.

Albiniana. Alfen.

Albion. La grande Bretagne.

Albis. L'Elbe.

Albium Ingaunum. Albenge.

Albium Intemelium. Vintimille.

Albucella. Avila.

Albucum, ou *Albucium*. Aubusson.

Albula. Le Tibre.

Album lutum. Guibrai, Vibraie.

Album Monasterium. Vimontier.

Alceium. Aci.

Alchachia. Sacand.

Alcia. L'Elts.

Alciacum. Auxi.

Alcimoennis. Ulme.

Alea. L'Ale.

Alecta, ou *Alectum*. Alet.

Alemani. Peuples qui occuperent d'abord le Païis qui est entre le Mein, le Rhein, & le Danube. Tacite les fait Gaulois d'origine.

Alemanus. L'Almul.

Alentio Sagiorum. Alençon.

Alerea. Château-Roux, *ou* l'Ouroi.

Alesia Mandubiorum. Combe-Julienne.

Alesia nova, ou *Alestum*. Alais.

Alestes. Rio Grétonès.

Aletenses. Le Diocèse de Saint-Malo.

Aletum novum. Saint-Malo.

Aletum vetus. Quidalet.

Alexandria Ægyptia. Alexandrie d'Egypte.

Alexandria Aria. Burgian.

Alexandria Arachosia. Candahar.

Alexandria Babylonica. Bagdet.

Alexandria Bucephalia. Lahor.

Alexandria Statiellorum. Alexandrie de la Paille.

Algia. Le Païis d'Auge.

Alicanum. Rakelsbourg.

Alieni Forum. Ferrare.

Alingania. Langeais, *ou* Langest.

Alingo Vasatum. Langon.

Alione Brigantum. Lancastre.

Alisincum. Anisi.

Aliso. Elsen. L'Alm.

Allia. Rio Caminato.

Alliacum. Eli en Voire.

Allobroges. Païis qui s'étend depuis le Lac de Genève, le long du Rhône jusqu'au confluent de ce Fleuve & de l'Isere.

Allobroges Cularenses. Le Graisivaudan.

Allobroges Fuciniani. Le Faussigni.

Allobroges Genevenses. Le Genevois.

Allobroges Mauriani. La Maurienne.

Allobroges Sabaudi. La Savoie propre.

Allobroges Viennenses. Le Viennois.

Alma. L'Alm.

Almanisca. Almenêches.

Almeria. Alcmar.

Alnetulum. Vernouillet.

Alnetum. Aunai, Verneuil, Aunoi, Aunois, Auneuil.

Alnetum Bedense. Aunois en Voide.

Alone Brigantum. Lancastre.

Alone Contestanorum. Guardamar.

Alone Cretica. Agii-Déca.

Alpes. Les Alpes.

Alpes Carnicæ. Les Alpes, entre la Carinthie, en Allemagne, & le Frioul, en Italie.

Alpes Cottianæ, ou *Cottiæ*. Les Alpes, entre le Dauphiné, en France, & le Piémont en Italie.

Alpes Dacicæ. Continuation du Mont Hémus, qui va se joindre au Mont Carpate.

Alpes Graiæ. La Tarantaise.

Alpes Juliæ. Les Alpes, entre la Carniole & l'Istrie, en Allemagne, dans les Etats d'Autriche.

Alpes Lepontiæ. Les Alpes, dans la Suisse, en Allemagne.

Alpes Maritimæ. Les Alpes, entre la Provence, en France, & l'Etat de Gênes, en Italie.

Alpes Noricæ. Les Alpes, entre la Baviére, le Tirol, & la Carinthie, en Allemagne.

Alpes Pannonicæ. Voiez, *Alpes Juliæ*.

Alpes Penninæ. Les Alpes, entre le Valais, aux Etats Suisses, en Allemagne, & le Milanès, en Italie.

Alpes Rhæticæ. Les Alpes du Tirol, en Allemagne, dans les Etats d'Autriche.

Alpes Suevicæ. Les Dofrins.

Alpes Summæ. Les Alpes frontiéres du Milanès en Italie.

Alpes Tridentinæ. Les Alpes de la partie méridionale du Tirol, dans les Etats d'Autriche, en Allemagne.

Alpheus. Le Carbon.

Alpis Cottia. Le Mont Cénis.

Alpis Graia. Le petit Saint-Bernard.

Alpis Pennina. Le grand Saint-Bernard.

Alra. L'Itching.

Alsatia. L'Alsace.

Alsatia Mediomatricum. L'Alsace septentrionale.

Alsatia Rauracorum. L'Alsace du milieu, & l'Alsace méridionale, ou le Suntgau.

Alsatia Sugintensis. Le Suntgau.

Alsona. Auson.

Alta ripa. Altrip.

Alta Sylva Albimontensis. Hautefeille.

Alteia. L'Autie.

Altena. Territoire de Vorcum, en Hollande, entre le Vahal, la vieille Meuse, & le Biesbos.

Altena. Eltemberg.

Alteriacum, *Altriacum*, *Altricum*. Autrai. Autri.

Alterium. Autrei, en Saintois.
Altisia. L'Autise.
Altogilum, ou *Altolium.* Auteuil. Auteul.
Altriacum ad Axonam. Autri-sur-Aîne.
Altum Villare. Auviliers.
Altus Pullus. Hautpoul.
Alverni. Auvers.
Alvona. Albona.
Aluta. L'Alt, *ou* l'Olt.
Amaca. Macao.
Amadoca. Quiovie.
Amadoci. La Podolie.
Amæa. Portalègre.
Amagetobriga. Nahebruc, *ou* Naumbourg.
Amantini. Les Esclavons.
Amanus. Monté Négro.
Amardus. L'Ouson, *ou* le Kesel-Ousan.
Amasenus. Le Badino, *ou* le Baudino.
Amasia. L'Amasie, *ou* le Rhum.
Amasia. Amasie.
Amastra. Mistretta.
Amastris. Amastro.
Amathus. Limisso.
Amathusa. Cypre.
Amatissa. L'Amasse.
Amazonia. Le Paiis des Amazônes.
Ambacia, ou *Amatissa.* L'Amasse.
Ambacia, ou *Ambasia.* Amboise.
Ambiani, Le Ponthieu, le Vimeux, & le Santerre.
Ambiani Pontivi. Le Ponthieu.
Ambiani Sancterienses. Le Santerre.
Ambiani Vimacenses, ou *Vinemaci.* Le Vimeux.
Ambiativus vicus. Capelle.
Ambibari. Peuples de l'Avranchin, autour de Hambie.
Ambiliates. Peuples d'un canton du Poitou, qui occupoient apparemment ce que l'on appelle les Sables d'Olonne.
Ambisontii. Peuples d'un canton d'Allemagne, aux Etats d'Autriche, dans la Carinthie.
Ambivarites. Peuples qui occupoient une troisiéme partie du Brabant, avec les Ménapiens & les Tongres, dans les Territoires de Bois-le-Duc, Bréda, Bergopsom, Rien, Anvers & Campine.
Amblidum. Ambli.
Ambra major. } L'Emmer.
Ambra minor. }
Ambracia. Ambrakia.
Ambrones. Peuples de Germanie, qui demeurerent d'abord auprès de l'Emmer, dont ils prirent leur nom. Les Cherusques s'emparerent ensuite de leur Paiis. Voiez, *Helvetii Ambrones.*
Ambroniacum. Ambronai.
Ambrussus. Le Pont de Lunel.
Ameliacum. Amilli.
Amelianum in Arecomicis. Milhau.
Ameria. Amelia.
Amisia. Emden.
Amisia, ou *Amisius.* L'Ems.
Amiternum. Furconio, *ou* Saint Victorin.
Ami-vadum. Amersfort.
Ammanium in Tungris. Haens.
Amnis. L'Ain, *ou* l'Aine.
Amnis Clodianus. La Fluvia.
Amnitæ. Voyez, *Samnitæ.*
Amondi Villa. Mondeville.
Amorgus. Morgo.

Ampelusia. Carpo Despartel.
Amphilochia Cilinorum. Orense.
Amphimalla. Le Cap Mélier, *ou* Cabo Maléca.
Amsanctus. Mufiti.
Amstelodamum, Amstela moles. Amsterdam.
Amura. L'Iamour.
Anagnia. Anagni.
Anagrata. Anegrai.
Anagnutes. Peuples du Diocèse de Nantes, entre la Loire & le Poitou.
Anamani. Peuples d'Italie, dans la plus grande partie du Parmesan.
Anaphe. Nanfio.
Anapus. L'Alféo.
Anas. La Guadiana.
Anasus. L'Ens.
Anatilia. Saint Gilles, en Languedoc.
Anatilii. La Campagne d'Arles, *ou* la Camargue.
Anatole Caletorum. Estelan.
Anavium. Egna.
Ancon, ou *Ancona.* Ancône.
Ancora. Ancre.
Ancyra. Angora, Angori, *ou* Engour.
Andagium. Saint Hubert, Monastere.
Andana. Anden, *ou* Andenne.
Andani villa. Andainville.
Andara. Le Pégu.
Andecanum. Ouzcunt.
Andegavi. L'Anjou.
Andelaüs Lingonum. Andelot.
Andelaüs, ou *Andelagus Velocassium.* Andeli.
Andeliacum. Andilli, en l'Isle de France.
Andenesium Samnitarum. Ancenis.
Anderitum Gabalorum. Javouls.
Andes Celtici. L'Anjou.
Andes Subalpini. Piétola.
Andesagina. Ansène, *ou* Ancène.
Andetrium. Clissa.
Andilleria. Andilli, en Lorraine.
Andomatunum Lingonum. Langres.
Andoverpa. Anvers.
Andrisia. L'Indroîs.
Andros. Andro.
Anemo. Amoné, *ou* Armoné.
Anemundi Castrum. Voiez, *Castrum.*
Angelopolis. La Ville des Anges.
Angeriacum. Saint Jean d'Angéli.
Angers, ou *Angera.* L'Indre.
Angia. Enghien.
Angili. Voiez, *Angli.*
Angledura. Anglure.
Angli. Peuples qui habitoient originairement la partie du Duché de Lunebourg, qui est à la droite de l'Elbe, avec la partie occidentale du Duché de Mékelbourg, & qui s'étant joints ensuite avec les Fosiens ou Saxons, allerent ensemble s'établir dans la grande Isle Britannique.
Angrivarii. Peuples de Westphalie, entre Osnabrug, Minden, & Limbourg.
Anicium Vellavorum. Le Pui.
Anio. La Tévéroné.
Anisus. L'Ens.
Annana, ou *Annamitica.* La Cochinchine & le Tunquin.
Annana, ou *Annamitica Austrina.* La Cochinchine.
Annana, ou *Annamitica Borea.* Le Tunquin.

Anninsula. Saint Calais, au Maine.
Annisiacum. Anneci.
Annus. L'Anille.
Anonium. Non, *ou* Nun.
Ansibarii. Peuples Germaniques du Territoire de Déventer.
Antandros. Andro.
Antaradus. Tortose.
Antelucum. Antelu.
Antes. Anciens Peuples le long de la Mer Noire, qui occupoient le Budziac & la Bessarabie.
Anthusa. Constantinople.
Antigonia. Croie.
Antiochia Mygdonia. Nésibin.
Antiochia Syriæ, ou *Epidaphnes*. Antékié.
Antipolis. Antibe.
Antiquaria. Antéquéra.
Antium Segusianorum. Anse.
Antobroges. Peuples Gaulois, qui faisoient partie des *Nitiobriges*, & occupoient l'Agénois.
Antoninia. Constantinople.
Antoniniana. Angora.
Antros. Isle à l'embouchure de la Garonne, où est la Tour du Cordouan.
Anxantium. Civita d'Antia.
Anxanum. Lanciano.
Anxur. Terracine.
Anystus. Le Tec.
Aobriga. Baiona.
Apaméa. Aman.
Apamia, ou *Apamia in Consorranis*. Pamiés.
Apia. La Morée.
Apollonia. La Canée.
Apollonia Bithyna nova. Voiez, *Metellopolis*.
Apollonia Bithyna vetus. Abouillona.
Apollonia Meropia. Château, ou Bourg de Sifanto, sur le Port de la Calanque.
Apolloniatis. Le Lac d'Abouillona.
Aponania. Voiez, *Ægusa*, ou *Capraria*.
Appianum. Albiano.
Apsoros, ou *Apsyrtis*. Oséro, *ou* Asuéro, Ville d'une Isle de la Méditerranée, qui portoit le même nom en Latin.
Apta Julia Vulgientium. Apt.
Aptera, ou *Apteron*. Paléocastro.
Apulia. La Pouille.
Apulia Daunia. Tout le Capitanat avec une petite partie du Basilicat, Provinces de l'Italie méridionale.
Apulia Messapia. La Terre d'Otrante.
Apulia Peucetia. Paiis de l'Italie méridionale, contenant toute la Terre de Bari & quelque peu du Basilicat & de la Terre d'Otrante.
Apulum novum. Veissembourg.
Aqua Sparsa. Aigueperse. Aiguesparse.
Aquæ Augustæ Tarbellorum. Acqs.
Aquæbellicum. Vasserbillic.
Aquæ calidæ Arvernorum. Chaudesaigues.
Aquæ calidæ Belgarum transductorum. Bath.
Aquæ calidæ Cilinorum. Orense.
Aquæ Convenarum. Aques.
Aquæ Flaviæ. Chiaves.
Aquæ Grani in Tungris. Aix-la-Chapelle.
Aquæ Helvetiæ. Baden.
Aquæ Luvienses Tungrorum. Spa.
Aquæ Mortuæ. Aigues-Mortes.
Aquæ Neris, ou *Nereenses*. Néris.

Aqua Parisiorum. Bagnolet.
Aqua Plumbaria. Plombieres.
Aquæ Sextiæ Salluviórum. Aix en Provence.
Aqua Solis. Bath.
Aqua Statiellia. Acqui.
Aqua Tarbellica, ou *Aqua Augusta Tarbellorum.* Acqs.
Aqua Voconia Ausetanorum. Bagnoles.
Aqua Voconia Indigetum. Caldès de Malavalla.
Aqua Vocontiorum. Aix en Dauphiné.
Aquifolietum. La Houssaie. Le Houssoi.
Aquilina. L'Aveline.
Aquilonia. Cédogna.
Aquino. Aiguillon.
Aquitani Albigenses. L'Albigeois, où sont les Territoires d'Albi & de Castres.
Aquitania. La Guienne & la Gascogne.
Aquitania Augustana. La Guienne, le Berri, l'Auvergne, le Poitou, l'Angoumois, la Saintonge, le Bourdelois, l'Agénois, le Périgord, le Limosin, la Marche, le Rouergue, l'Albigeois, le Velai, le Gévaudan.
Aquitania Novempopulana, ou *Juliana.* La Gascogne.
Aquosa. Aouse.
Ara. L'Aar.
Ara Lapidea. Péchlar.
Ara Ubiorum. Bonne.
Arabia Felix. L'Iémen.
Arabia Felix. Aden.
Arachosia. Le Candahar.
Aracœlis. Huarté Araquil.
Ara Flavia. Aurac.
Ara Genua. Argentan.
Ara Mucia. Arémuzzé.
Aragus. L'Arga.
Arar, ou *Araris.* La Sône.
Arauris. L'Eraut, *ou* l'Airou.
Araura. Saint Tuberi.
Arausio Cavarum. Orange.
Araxes. L'Aras. Le Bendemir. Le Volga. Le Saocoras.
Arbacala. Avila.
Arbéla. Erbel.
Arbéla nova. Shiarasur.
Arbis. L'Ilment.
Arbor. L'Arche, Riviére.
Arbor Felix. Arbon.
Arborea. Oristan.
Arbosium. Arbois.
Arcadia. Paiis de la Turquie Européane, en Morée, qui fait partie du bras du Maino.
Arcadia Cretica. Arcadi.
Arcadia Heptanomos. Bécria.
Arca Caletenses. Arques.
Arca Calvomontenses. Art.
Arca Castrenses. Arches en Chaumontois, au Territoire de Châtel-la-Vaux.
Arca Eburovicum. Le Pont de l'Arche.
Arca Mediomatrica. Arcz.
Arca Montes. Las Aréas Gordas.
Arca Remenses. Charleville.
Arcella. Archelle.
Arcia. Arcei sur l'Ionne.
Arciaca ad Albam. Arci sur Aube.
Arcica, ou *Arcisa ad Albionem.* Arc sur Aujon.
Arcica ad Tilam. Arc sur Tille.
Arcus Juliani. Arcueil.
Arda, ou *Ardea Morinorum.* Ardres.
Ardonea. Ardona.
Arduus. L'Ardre.
Arecomici. Voiez, *Volca.*
Arecomici Nemausenses. Le Némosès.

Arecomici Vindamagenses. L'Useguais, *ou* l'Usège.
Area. Hieres.
Aregia, ou *Areia.* L'Ariège.
Arelata, *Arelate*, ou *Arelatum Anatiliorum.* Arles.
Arelaunus. La Forêt Brotone.
Areopolis. Mersbourg.
Arete. Le grand Ghiocsou.
Arethusa. Aréessa.
Areva. L'Arlanza, l'Eresma, *ou* l'Eléréna.
Arevâci. Paiis d'Espagne, contenant une partie de la Castille.
Argantomagus Cuborum. Argenton, en Berri.
Argantomagus Pictonum. Argenton l'Eglise, en Poictou.
Argelia. Erford.
Argentanum. Argentina.
Argenteus. L'Argent.
Argentia. Argence.
Argento in Andegavis. Argenton en Anjou.
Argentorate vetus. Saint Etienne de Strasbourg.
Argentoratum, *Argentoratus*, *Argentina*, *Argentora.* Strasbourg.
Argentovaria, *Argentuaria*, *Argentaria Rauracorum.* Horbourg, *ou* Arbourg, *ou* Hercken.
Argenus. L'Arguenon.
Argimons. Montargis.
Argia. La Sacanie, *ou* la Romanie de la Morée.
Argippa. Arpé.
Argos Hippium. Arpé.
Argos vetus. Napoli, *ou* Napli de Romanie.
Argyripe. Arpé.
Argyris. Rio de la Plata, Fleuve.
Argyropolis. La Plata, *ou* Potosi, Ville.
Argyropotamia. Rio de la Plata, Province.
Aria Atrebatum. Aire en Artois.
Aria Persidis. L'Héri.
Aria Thraciæ. La Romanie.
Ariani. Peuples de Perse, qui occupent l'Héri, paiis du Corasan.
Ariconium. Héréford.
Arii. Voiez, *Lygii.*
Arimaspi. Les Samoièdes.
Ariminum. Rimini.
Arisabium. Ava.
Arlape. Péchlar.
Arlaunum, ou *Arlon.* Arlon.
Armalausi. Voiez, *Narisci.* Le Nordgau.
Armasanica. Aimargues.
Armenia minor. L'Aladuli.
Armenita. Le Fioré.
Armorica. La Bretagne.
Armorici. Voiez, *Celtæ Armorici.*
Armosus, ou *Armusia.* Ormus.
Arna. Civitella d'Arno.
Arnoldi villa. Arnhem.
Aroanna. L'Ouaine.
Arobii. Peuples de France, en Normandie, aux environs de Sès.
Arocha. Crocha.
Aroe. Patras.
Arola. L'Aare.
Arona. L'Aronde.
Arotius. L'Arou.
Arovanna. La Ravanne.
Arpi. Arpé.
Arrabo. Javarin.
Arretium. Arezzo.
Arsacia. Casbin.
Arsamias. La Riviére d'Erivan.
Arsene. Aréessa.

Arsinarium. Voiez, *Promontorium.*
Arsinoe Cypria. Famagouste.
Arsinoe Ægyptia. Suès, Ville ou Village.
Arsinoica. Suès, Paiis.
Artonum. Virsbourg.
Artaxata. Ardachat.
Artelica. Pesquiéra.
Artemis. La Rhénée.
Artemisia. Gianuto.
Artemisium. Voiez, *Promontorium.*
Artemita. Van, *ou* Erivan.
Artobriga. Lauffen.
Artona. Artonne.
Arva. L'Aure.
Arvenni. L'Auvergne.
Arvii. Le Paiis de Cornouailles, qui comprend le Diocèse de Cornouailles & la partie occidentale du Diocèse de Saint Paul de Léon.
Arula. L'Aare.
Arula. Arles, en Roussillon.
Arvula. L'Aure.
Arx Froardi. Frouard.
Arx Media. Moien.
Asa Paulini. Anse.
Ascalo. Scalona.
Asciacum. Asci.
Ascrivium. Cattaro.
Asculum Picenum. Ascoli.
Asia minor. La Natolie.
Asidon. Médina Sidonia.
Asilianum. Casillat.
Asilincum. Anisi.
Asilum. Le Mas d'Asil.
Asisium. Assise.
Aspahamum. Hispahan.
Aspaluca. Le Gâve d'Aspe.
Aspelia. Cypre.
Aspithra. Le Ta, Riviére de la Chine.
Aspithra Sinarum. Quancheu.
Aspithra. Nation d'entre les Sines, dans la Chine méridionale, où sont maintenant les Provinces d'Iunnan, de Quansi, & de Quanton.
Assorini. L'Asaro, Canton de Sicile.
Assorum. Asaro, petite Ville de Sicile.
Assyrani. Bacsarai.
Asta Regia. Xérès de la Frontéra.
Astenidum. Stenai.
Astigi. Ecija.
Astipalêa. Stampalia.
Asturcani. Le Roiiaume d'Astracan.
Asturcanum. Astracan, Ville.
Astures Cismontani. Peuples d'Espagne, qui occupent une partie du Roiiaume de Léon.
Astures Transmontani. Les Asturies.
Atacini. Le Narbonnois, *ou* le Territoire de Narbonne.
Atanacum. Ainai.
Atanus. Saint Irier de la Perche.
Atartus. L'Atari.
Atax. L'Aude.
Atella Opicorum. Sant Arpino, *ou* Sant Elpidio.
Aternum. Pescara, Forteresse.
Aternus. Pescara, Riviére.
Ateste. Este.
Athenæ. Astines, *ou* Sétines.
Athenopolis Massiliensium. Grimaut.
Athesis. L'Adige.
Athos. La Sainte Montagne.
Atinum. Aténo.
Atlas. Montès Claros.
Atmasia. Diamant.
Atrebâtes. L'Artois.

Atrebâtes Transducti, ou *Insulares*. Barcshire.
Attalia. Satalie.
Atteia Veromanduorum. Aties.
Attica. Paiis de la Turquie Européane, dans la Livadie.
Attiniacum. Atigni.
Attipiacum. Atichi.
Attuarii. Peuples d'une partie de la Gueldre, le long du Niers.
Attuarii Aborigines. Peuples d'Allemagne, autour de Hatterch, le long de la Lippe.
Attuarii Transducti. Peuples de France, en Bourgogne, le long de la Vingenne, de la Tile & de la Sône.
Attubi. Olivéra.
Atuatuca Eburonum, ou *Tungrorum*. Tongres.
Atur. L'Adour.
Atures. La Chaloſſe.
Aturiripenſes. L'Auribat.
Avantici. Anciens Peuples du Dauphiné, autour d'Avançon, entre Gap & Embrun.
Avara major. L'Ièvre, *ou* l'Ieure.
Avara minor. L'Aurette.
Avares. Les Bulgares.
Avaricum Biturgum Cuborum. Bourges.
Avario. L'Aveirou, *ou* l'Aveiron.
Avatici. Peuples de France, en Provence, autour de Martigues, qui faiſoient partie des *Anatilii*.
Audetus. L'Audet.
Audoeni villa. Einville.
Audomaropolis. Saint Omer.
Audriaca villa. Houdreville.
Audura. L'Eure.
Avedonacenſis Pagus in Santonibus. Le Paiis d'Aunis.
Avenio Cavarum. Avignon.
Aventia. L'Avenzo.
Aventicum novum Helvetiorum. Avenches.
Aventinium. Abensberg.
Aveſnæ. Avênes.
Aufidena. Alfidéna.
Aufina, ou *Aufinum*. Oféna.
Aufona major. L'Avon méridional.
Aufona minor. L'Avon ſeptentrional.
Auga, *Augum*, ou *Aucum*. Eu.
Augia. Reichenou.
Auguſta Acilia. Azelbourg.
Auguſta Æduorum. Autun.
Auguſta Ambianorum. Augt.
Auguſta Auſciorum. Auch.
Auguſta Badacum. Painbourg.
Auguſta Batienorum, *Bagiennorum*, ou *Vagiennorum*. Bène, Baſſignana, *ou* Saluces.
Auguſta Bracarum. Bragues.
Auguſta Cæſarea. Saragoſſe.
Auguſta Gemella Tuccitana. Martos.
Auguſta Julia Gaditana. Cadis.
Auguſta Leontinorum. Agoſta.
Auguſta Licatium. Voiez, *Auguſta Vindelicorum*.
Auguſta Nemetum. Spire.
Auguſta nova Arevacorum. Torréquémada, *ou* Covarruvias.
Auguſta Prætoria Salaſſorum. Aoſte, en Savoie.
Auguſta Quintanorum, ou *Quintana*. Kintzen.
Auguſta Rætorum. Voiez, *Auguſta Vindelicorum*.
Auguſta Rauracorum. Augſt.
Auguſta Sueſſionum. Soiſſons.
Auguſta Taurinorum. Turin.
Auguſta Tiberii. Ratisbonne.
Auguſta Treverorum, ou *Trevirorum*. Trèves.

Augusta Trinobantum. Londres.
Augusta Veromanduorum. Saint Quentin. Vermand.
Augusta villa Ambianorum. Le Bourg d'Au.
Augusta Vindelicorum. Ausbourg.
Augustana (Castra). Gaisting.
Augustobona Tricassium. Troies.
Augustobrica, ou *Augustobriga Pelendonum*. Aldéa el Muro.
Augustobrica, ou *Augustobriga Vettonum*. Médina Céli, Burgos, *ou* Villar de Pédroso.
Augustodunum Æduorum. Autun.
Augustomagus Sylvanectum. Senlis.
Augustonemetum Arvernorum. Clermont.
Augustum. Aoste, *ou* Hoste, Village de Dauphiné.
Avia Vaccaorum. Villalon.
Avia Vestinorum. Forconé.
Aviarium. Pluviers.
Avinio, ou *Avinionetum*. Vignonet.
Aviones. Voiez, *Caviones*.
Avitacum. Aubiere, *ou* Chambon.
Aulerci Brannovices. Le Briennois.
Aulerci Cenomâni. Le Maine.
Aulerci Diablintes. Le Maine occidental, autour de Jublains, *ou* le bas Maine.
Aulerci Eburovices. L'Evrevin.
Aulon. Valona.
Aunoba. Abenou.
Avallocium. Alluie.
Avo. Rio Ave, *ou* la Vizzella.
Aurea. L'Aure.
Aureliacum. Aurillac. Orli.
Aurelianum Carnutum. Orléans.
Auria. Orense.
Ausa. Vich.
Ausancata. Vihits, *ou* Bighon.
Auscii. L'Armagnac.
Auscii Fidentiaci. Le Comté de Fesenzac.
Auser. Le Serchio.
Ausetani. Peuples d'Espagne, dans une partie de la Catalogne.
Ausiaca villa. Anseauville.
Ausoba. Le Logh.
Ausona. Vich.
Ausones. Peuples d'Italie, dans une partie de la Campagne de Rome, & de la Terre de Labour.
Ausonia. L'Italie.
Austerbantum. L'Ostervant.
Austria Consorranorum. Saint Lisier de Couserans.
Auteri. Peuples d'une partie d'Irlande.
Autessiodurum, ou *Autissiodorum Senonum*. Auxerre.
Automate. Thirésia.
Autolala. Térudent.
Autricum Carnutum. Chartres.
Autrigones. Peuples d'Espagne, dans une partie de la Biscaie.
Antunnacum, ou *Antonnacum Treverorum*. Andernac.
Autura. L'Evre.
Auvona. L'Avon.
Auximum. Hiême.
Auxuenna. Sainte Menehou.
Axeium. Asse.
Axelodunum. Hexham.
Axiaces. Le Bog.
Axiagum. Essei.
Axima Centronum. Jaquemont.
Axiopolis. Galacs.
Axona. L'Aîne.
Azania. La côte d'Ajan.
Azôtus. Alcette.

B.

BABANI *Villa.* Bainville.

Babylon nova. Le grand Caire. Bagdat.

Babylonia. L'Iérac.

Babylonica. Le Caire, Province.

Bacara. Bicaner, Ville.

Bacaria. Bicaner, Roiiaume.

Bacasis Lacetanorum. Manrèse.

Baccasara. Bacsarai.

Bacchi Ara. Bacara.

Bacivum. Bacs.

Bactra. Termend.

Bactriana. Deux Paiis ont porté anciennement ce nom. Le Tocarestan, dans le Paiis des Usbecs, entre le Géhon & l'Indostan: & le Louvestan, où sont les Peuples Bactianis, dans le Curdistan; entre le Tigre, le Cusistan, & la Perse.

Badia nova. Badajos.

Baemi. La Bohème.

Bagacum Eburonum. Bavai.

Bagacum Nerviorum. Bavai en Hainaut.

Bæsippo. Puerto Bèges, *ou* Béger.

Bætana. Béder.

Bætasii. Peuples d'Allemagne, dans une partie des Paiis-Bas.

Bæterræ Tectosagum. Beziers.

Bætica. L'Andalousie, & une partie du Roiiaume de Grenade.

Bætis. Le Guadalquivir.

Bætulo. Le Ter.

Bagradas. Magrida, *ou* Mégérada, Ville.

Bagradas. Le Magrida, *ou* l[e] Mégérada, Riviére.

Balari. Peuples d'une partie d[e] la Sardaigne.

Baldinei Curtis. Vaudignecourt.

Baldrici Curia. Baudricourt.

Balduentum. Bavent.

Balearis major. Majorque.

Balearis minor. Minorque.

Balgeium, ou *Balgiacum.* Baugé.

Balgentiacum. Baujenci.

Balisa. La Baise.

Balneola. Bagnoles. Bagneux. Bagnaux.

Balneoletum. Bagnolet.

Balneolum. Bagnolet.

Balonganum. Le Pégu.

Balsa. Tavilla, *ou* Tavira.

Balsa. Palos.

Balthа. Beauté.

Baltia. La Norwège & la Suède.

Baltia Eoa. La Suède.

Baltia Occidua. La Norwège.

Baltium. Les Baux.

Bantia. Vanze.

Barbana. La Boiana.

Barbaria Æthyopica. Le Zanguebar.

Barbaria Libyca. La Barbarie.

Barbesola, ou *Barbesul.* Marbella.

Barbesul, ou *Barbesola.* Rio Verde.

Barca. Barca, Ville.

Barcæi. Barca, Roiiaume.

Barcino. Voiez, *Julia Augusta.*

Bargugia Ilergetum. Balbastro.

Baria. Véra.

Baria. Petite Isle ou Rocher, proche du Port & à une lieue de Brindes.

Baris. Bari.

Baromunda. Pirmond.

Barpana. Cerboli, *ou* Corboli.

Barri

Barri villa. Barville.

Barrum Ducis, ou *Barrum Leucorum.* Bar-le-Duc.

Barrum Lingonum. Bar-sur-Seine.

Basigonde Curtis. Voisage.

Basilea. Lima.

Basilia. La Province des Rois.

Basilica. Basoche.

Basilica Solecensis. Basoille.

Bastarna. Voiez, *Peucini.*

Bastitani. Peuples d'Espagne, qui occupent une partie des Roiiaumes de Valence, de Murcie, & de Grenade.

Bastonia. Bastogne.

Batava Castra Vindelicorum. Passau.

Batavi. Peuples de Germanie, qui firent partie des Cattes, au Nord du Rhein, & s'établirent ensuite à l'extrémité de la Gaule Belgique, dans une Isle enfermée entre le Rhein, la Meuse, & l'Océan, & dans le continent qui borde cette Isle au Midi. Leur nom signifie *Balti Pratenses.*

Batavodurus ad Mosam. Batenbourg.

Batavodurus ad Rhenum. Vic-Durstède.

Batieni, ou *Bagienni.* Peuples, qui habitoient autour de Bène, Ville du Piémont, dans la Province de Fossano, ou de Bassignana, dans le Milanès, ou dans le Marquisat de Saluces.

Batti. Anciens Peuples des Cattes, dans la Hesse, le long de l'Eder, qui s'étant transplantés vers les bouches du Rhein, prirent le nom de *Batavi.*

Batyryax. Parfouru.

Bauli. Bagolo.

Bavonia. Le Beveland.

Bauxare, ou *Bauzanum.* Bolzano.

Bebryces. Peuples de France, dans une partie du Roussillon & du Narbonnois.

Beccum Caletum. Caudebec.

Beccum Velocassium. Le Bec.

Bechuni. La Vallée de Camonica, dans les Etats de Venise.

Beconis Villa. Bouconville.

Beda. Bidbourg, *ou* Bietbourg.

Bedatium. Marsal.

Bedernaca. Bernai en Voivre.

Bedernaca. Bernieres.

Bedesa. San Juan de las Bédésas.

Belendi. Peuples de Gascogne, dans le Busch, aux environs de Bélin, sur l'Eire.

Beleni Villa. Blainville.

Beleni Villare. Balainvilliers.

Beleniacus. Bulligni, *ou* Bulgnei.

Belenodivum. Blénod.

Belgæ. Peuples de la Gaule Belgique, entre le Rhein, l'Oise, la Brèle, & l'Océan.

Belgæ Transducti. Peuples d'Angleterre, dans une partie du Ouessex.

Belgica Ubiorum. Balchusen.

Belgium. Sous ce nom étoient compris l'Artois, l'Amiennois, & le Beauvaisis.

Belginum Treverorum. Baldeneau.

Belisama. Ribel.

Bella Curia, ou *Bellus Portus Batavorum.* Shonove.

Bellica. Le Bellei.

Bellintio. Barbentane.

Belliquadrum. Beaucaire.

Bellisma. Bellême.
Bellovaci. Le Beauvaisis.
Bellum Forte. Beaufort.
Bellum Pratellum. Beaupreau.
Bellum Vadum. Beauveau.
Bellus Mons. Beaumont.
Belon. Tariffa.
Belna. Beaune.
Belnenses. Le Beunois.
Belramus. Belrain.
Belsia. La Beausse.
Belsincacna. Belcina, *ou* Bersignac.
Belunum. Béluna, *ou* Monté Belluno.
Benácus. Voiez, *Lacus.*
Beneventum Hirpinorum. Benevent.
Benigni Domus. Saint Blin.
Bennavenna. Védon.
Berenice Cyrenaica, ou *Hesperidum.* Bernichio.
Berenicea. Cossir.
Bergium. Bamberg.
Bergoiate. Saint Andéol.
Bergusia, ou *Bergusium.* Bourgoin.
Beroe. Alep.
Berolinum. Berlin.
Berrhoea. Alep.
Berulfi curtis. Brucourt.
Berulfi villa. Bruvile.
Berulfiopolis. Brouage.
Berulfium. Brou.
Berunum. Belluno.
Berytus. Barut.
Besbicos. Petite Isle de la Natolie propre, à l'embouchure du *Rhyndacus.*
Besendunum Castellanorum. Besalu.
Besidia Bruttiorum. Besignano.
Besippo. Puerto Beges.
Beterræ. Besiers.
Betius. Le Caibar.
Betulo, ou *Betullo.* Le Ter.
Bibracte in Æduis. Pébrac, sur les confins de l'Auvergne & du Gévaudan, à six ou sept lieues de Saint Germain de la Prade.
Bibrax Suessionum. Laôn.
Bidi, ou *Bidini.* Bizini.
Biducasses. Le Bessin.
Biducasses Campestres. Le Bocage, *ou* Bessin méridional.
Biducasses Maritimi, ou *Oceanenses.* Le Bessin septentrional.
Bieria Sylva. La Forêt de Fontainebleau.
Bigerrones. La Bigôre.
Bilbilis. Bubal, Riviére.
Bilbilis nova. Calataiud.
Bilbilis vetus. Baubala.
Biliomagus. Billon.
Bilitio. Bélisona.
Billata. Bellei.
Bingium Vangionum. Binch.
Bionna, ou *Biumma.* La Biemme.
Birgus. Borrou.
Biricina. Burchain.
Biscargis Ilercaonum. Morella.
Bisnagaris. Bisnagar.
Bisnagara. Chandegri.
Biterræ. Besiers.
Bithynia. Paiis de la Turquie Asiatique, qui occupe une partie de la Natolie propre, sur les côtes de la Mer Noire & de son canal.
Bituriges Cubi. Le Berri.
Bituriges Vibisci. Le Bourdelois.
Bivara. La Biévre, *ou* la Riviére des Gobelins.
Bizacene. Le Roiiaume de Tunis.
Blabia. Blavet.
Blaboriciacum Noricorum. Lorch.

Blanda Laletanorum. Blanès.
Blaseo. Briscou, *ou* Brescou.
Blavia. Blaye. Bloie.
Blavutum Vibiscorum. Blaye.
Blesa. Blois.
Blesa Sicca. Broussei.
Blesia. La Blaise.
Bletisa. Ledesma.
Bliderici villa. Bleurville.
Bliterra. Besiers.
Boaris. Il Toro, *ou* le Taureau.
Boatium Civitas. Baione.
Bocara. Bogar.
Bocanum Hemerum. Maroc.
Bodiontici. Peuples de France, en Provence, autour de Digne.
Bodobriga Treverorum. Boppartum.
Bodonis Monasterium. Bonmoutier.
Bodonis Villa. Badonviler.
Bodotria. Le Golfe d'Edimbourg, *ou* de Forth.
Boeotia. Paiis de la Turquie Européane, qui fait partie de la Livadie.
Boii Æmiliani. Le Modénois avec une partie du Parmésan & du Bolonois.
Boii Aquitani. Le Paiis de Buch.
Boii Celtici. Le Bourbonnois.
Boii Galatæ. Voyez, *Tolistoboii*.
Boii Marcomâni. La Bohème, & quelque peu de la Hongrie septentrionale.
Boii Norici. Paiis d'Allemagne, qui contient la plus grande partie de la Baviére.
Boiodurum. Innstadt.
Bolai mons. Bourlemont.
Bolerium. Voiez, *Promontorium*.
Bonconica. Oppenheim.
Bonna Ubiorum Transductorum. Bonn.
Bononia Felsina. Bologne, en Italie.
Bononia Oceanensis. Bologne, en France.
Bontobrice Treverorum. Boppartum.
Borbetomagus Vangionum. Vormes.
Borboria. Le Paiis de Brai.
Bormanum Jazygum. Cassovie.
Borussi. Peuples de Pologne, qui occupent une partie de la Prusse.
Borysthenes. La Nièpre.
Bosa. Poson, *ou* Presbourg.
Boscaquium. Bôquai, *ou* Bosquai.
Boscus. Bouc.
Bosonis mons. Bousemont.
Bosporani. Peuples moitié d'Europe, moitié d'Asie, qui occupent une partie de la petite Tartarie & de la Circassie.
Bosporus, ou *Bos*. Le Cap, *ou* le Serrail de Scutari.
Bosporus Thracius. Le Canal de la Mer Noire.
Bostra (orum). Busseret.
Bovenna. La Vacca.
Bovianum Pentrorum. Boiano.
Bovinia, ou *Boviniacum Tungrorum*. Bouvines.
Bovium Silurum. Coubridge.
Bracara Augusta. Bragues.
Brajeracum. Bergerac.
Braia. Le Paiis de Brai.
Braia Comitis Roberti. Brie-Comte-Robert.
Braiæ mons. Bremont.
Braiæ tosta. Bretot.
Braiæ Vallis. Bréval.
Braiæ Villa. Brebeuf.

Braina Suessionum. Braine sur Vêle.
Braiosa. Briouse. La Broise.
Braium Senonum. Brai sur Seine.
Brannodurum Icenorum. Brancaster.
Brannonii. Le Briançonois, *ou* le Mâconois.
Brannovices. Le Briènois.
Brannovices Quadrigellenses, ou *Quadrellenses*. Le Charolois.
Branonegium, ou *Branonium Cornaviorum*. Vorchester.
Brancidunum. Brancion.
Bravum. Burgos.
Breca. Broies.
Bregetio. Gran, *ou* Strigonie.
Bremenium Ottadinorum. Bramton.
Brena. Brienne en Champagne.
Brenda. Brindes.
Brennoburgum. Brandebourg.
Bretina Euganeorum. Brentino.
Breucomagus Tribocchorum. Brumt, *ou* Brumat.
Breviodurus Lemovicum. Bridiers.
Breviodurus Lexoviorum. Pont-Audemer.
Brexia. La Bresse.
Bricasses. Brieux.
Briceium. Brecé.
Brigacium. Comore.
Brigantes. Peuples d'Angleterre, qui occupent une partie du Northumberland & quelque peu du Païs de Galles.
Brigantia Rhætorum. Brégens.
Brigantii. Peuples d'Allemagne, sur le Lac de Constance.
Brigantinus Lacus. Voiez, *Lacus*.
Brigantio Caturigum. Briançon
Brigantium Rhætorum. Brégens.
Brigantius. Le Brégens.
Brigensis, ou *Briegius Pagus*. La Brie.
Brigiosum. Briou.
Brigobona Vindelicorum. Béïern.
Brinonia. Brignole.
Briocum Diablintum. Saint Brieux.
Briodrum. Brierre.
Briona. La Brenne.
Briovera. Voiez, *Verobriva*.
Brisgavia. Le Brisgau.
Britani Belgici. Pline parle de ces Peuples, & on croit qu'ils occupoient cette partie de la Picardie où sont les Villes d'Etaples, de Montreuil, de Hédin, & le Ponthieu jusqu'à la Somme.
Britones Armorici, ou *Britania Armorica*. La Bretagne.
Brivates Portus. Le Croisic, & un autre Port de basse Bretagne, que l'on ne connoît point.
Brivas. Brioude.
Brividorus Carnutum. Briare, en Gâtinois.
Brivisara. Pontoise.
Brixantæ. Peuples d'Allemagne aux Etats d'Autriche, qui occupent l'Evêché de Brixen, dans le Tirol.
Brixellum. Bercello, *ou* Brescello.
Brixia. Brixen.
Brocaria. Bruieres.
Brolium Bedense. Le Breuil en Voide.
Brovoniacum Brigantum. Brugham.
Bructeri. Anciens Peuples de Germanie, qui occupoient l'Over-Issel, & une partie de la Westphalie.

Bructeri majores. Ils occupoient les Paiis d'Over-Issel, d'Osnabrug, de Munster, & de Lingen.

Bructeri minores. Ils occupoient d'abord les Paiis de Delbrug, de Ritberg, de Réda, de Stromberg, & de Vidembrug, dans la Westphalie, & se transporterent ensuite dans le Vélau méridional.

Brundisium, ou *Brundusium.* Brindes.

Brunonis mons. Bourmont.

Bruohsela. Brusselles.

Brusca. Le Brusc.

Bruttii. La Calabre.

Buccinium. Bouchain.

Bucephala. Cavallo.

Budorigum. Breslau.

Budroa. Les Isles de Turluru.

Bullæum Silurum. Buelt.

Bullio, ou *Bublio.* Bouillon.

Buneium. Bonnet.

Bunitium Eudosiorum. Stralsund.

Burbincia, ou *Burbuntia.* La Brébence.

Burbo Boiorum. Bourbon l'Archambaut.

Burdegala Vibiscorum. Bourdeaux.

Burgasii Villa. Bourguébu, Bourguéville.

Burgi. Burgos.

Burginatium. Le Fort de Skenk.

Burgundiones Aborigines. Le Brandebourg pour la plus grande partie.

Burgundiones Transducti. La plus grande partie du Duché de Bourgogne.

Burgus Martis. Mersbourg.

Burii. Anciens Peuples, qui s'étendoient depuis la Riviére & la Ville de Varta en Pologne, jusqu'à Schildelberg en Silésie.

Burtina Ilergetum. Almudérar.

Buruncum Ubiorum. Vuringen.

Buthrotum. Butrinto.

Butua. Budoa.

Buxaliola. Fouquesolle.

Buxantum. Policastro.

Buxaria. La Bussiere.

Buxariæ Calvomontenses. Bouxieres en Chaumontois.

Buxariæ Vabrenses. Boullieres en Voivre.

Buxariola. Busserole.

Buxetum. Boucei.

Buxiacum. Bussi, Poussi, Poissi, Poussei, Possei.

Buxiniacum. Boussigni.

Byblos. Gébail.

Byrsa. Bersac.

Byzantium. Constantinople.

C.

CABELLIO *Cavarum.* Cavaillon.

Cabillonum Æduorum. Châlons sur Sône.

Cabolium. Cabul.

Cabulitæ. Le Roiiaume de Cabul.

Cacyrum. Cassaro.

Cadetes. La Campagne de Caen.

Cadetopolis. Caen.

Cadocum in Ambianis. Caieu.

Cadomus Cadetum. Caen.

Cadurci. Le Querci.

Cadusii. L'Arasch.

Calerini. Peuples d'Espagne, dans le Portugal, entre Minho & Douro, autour de Barcélos.

Caliobriga Calerinorum. Barcélos.

Cælius Mons Licatium. Kelmuncz.
Cænina Sabinorum. Sant Angélo *ou* Monticelli.
Cære. Cervétéré.
Cæsaraugusta. Saragoſſe.
Cæsarea Augusta. Caſair.
Cæsarea Cappadocum. Kéſaria.
Cæsarea Unellorum. Jerſei.
Cæsarea Arces Scarponensium. Les Saiſerès.
Cæsarodunum novum Turonum. Tours.
Cæsaromagus Bellovacorum. Beauvais.
Cæsaromagus Tribobantum. Burgſtède.
Caius. Moncaio.
Caicus. Le Fourtiſſar.
Caieta Ausonum. Gaëte.
Caino Turonum. Chinon.
Caiſtrus. Le Khiai.
Calabria. Païs d'Italie, qui fait partie de la Terre d'Otrante.
Calæ, ou *Cala.* Chelles.
Calagoris Convenarum. Caſeres.
Calaguris Ilergetum. Loharre.
Calares. Caller, *ou* Cagliari.
Calata. Galati.
Calauria. Sidra.
Calbis. Riviére de Carie. Voiez, *Indus.*
Calca. Calcahan, *autrement* Thula, *ou* Caracarom.
Calchedon. Cadikioi, *ou* Chalcédona.
Caldeniacum. Chaudenai.
Cale. Porto, *ou* Puerto.
Caledonii. Peuples de la grande Bretagne, dans une partie de l'Ecoſſe.
Caleniacum. Chaligni.
Calenum. Calvi.
Calesium. Calais.
Caletes. Le Païis de Caux.
Caletes Pratenses. Le Comté d'Eu.
Calidum Beccum. Caudebec.
Calidus mons Andegavorum. Chaumont en Anjou.
Callæci Bracares. Peuples d'Eſpagne, dans une partie du Portugal & de la Galice.
Callæci Lucences. La Galice pour la plus grande partie.
Callifæ. Carife.
Callis Umbrorum. Cagli.
Calliste. Santorin, *ou* Sant-Erini.
Calmosiac. Chamouſei.
Calo Gugernorum. Calenhuſen.
Calonesus. Belle-Iſle.
Calonna. Chalonne.
Calor. Le Caloré.
Calpe. Torré di Cartagéna.
Calviniacum. Cauvigni, Chauvigni.
Calvo. Le Calaon.
Calvus mons Velocassium. Chaumont en Vexin.
Camalodunum Tribobantum. Maldon.
Camaracum Nerviorum. Cambrai.
Camarina. Le Lac de Camarana.
Camatullici. Peuples de France, dans une partie de la Provence, aux environs de Toulon.
Camberiacum Allobrogum. Chamberri.
Cambete Rauricorum. Kems.
Cambolectri Agesinates. L'Angoumois.
Camboricum, ou *Camboritum Icenorum.* Cambrige.
Cambretonium Icenorum. Bretenham.
Cambria. Le Païis de Galles.

Camoliacum. Chambli.
Camenetum. Cheminot.
Camerus. Girapétra.
Campania Felix. Païis d'Italie, qui fait partie de la Terre de Labour.
Campania Gallica. La Champagne.
Campania Romana. La Campagne de Rome.
Campi Adrabæ. Peuples d'Allemagne, dans une partie des Etats d'Autriche.
Campi Anserini. La Plaine de Tocat.
Campi Canini. Le Territoire de Bélinzone & les Campagnes voisines, au Nord du Lac majeur, dans l'Etat de Venise.
Campi Lapidei. La Crau.
Campi Phlegræi. Il y avoit deux Campagnes de ce nom, l'une en Tessalie ou en Macédoine, proche de la Ville de Palène, l'autre dans la Campanie, proche de Cume.
Campinola. Champigneule.
Campodunum Estionum. Campten, ou Kempten.
Campus Agni. Chamagne.
Campus Leucorum Castrensium. Champ sur la Vologne.
Campus Panosus. Champenoux.
Campus Rectus. Chamdra.
Camus. Le Grant.
Camus Tugenorum. Cham.
Candida. La Conde, ou la Caude.
Canduum Cattorum. Cassel.
Canelata. Sainte Florence.
Caninefates. Peuples d'Allemagne, dans une partie des Païis-Bas.
Cannabetum. Cheneviere, nom

de plusieurs Terres & Villages.
Cannæ. Canna Distrutta.
Cantabri. Peuples d'Espagne, qui occupent une partie de la Biscaie.
Cantia. La Canche.
Cantiebis Armalausorum. Amberg.
Cantii. Peuples d'Angleterre, dans une partie de la Province de Sussex, aux environs de Cantorbéri.
Cantobenna. Chantoin.
Canusium. Canosa.
Cappadocia. Païis de la Turquie Asiatique, qui fait partie de la Natolie, dans l'Amasie.
Capraria Aponania. Favillana.
Capraria, ou Caprasia Corsica. Capraia.
Capraria Gymnesia. Cabréra.
Capua nova. Capoue.
Capua vetus. Santa Maria di Capua.
Caracotonum. Shornagorod.
Caralis. Caller, ou Cagliari.
Carambis. Le Cap Pisello.
Carambucis, ou Carambyces. L'Obi.
Caranium. La Corugna.
Carbania. Cerboli, ou Corboli.
Carbo Tectosagum. Carbone.
Carcaso, ou Carcasum. Carcassone.
Carcoviaca. Kirquevald.
Carelli. Peuples de Suède, dans les Etats de Finlande, où ils occupent une partie de la Nilande.
Carentia. Chérence.
Carentonus. La Charente.
Carentonum Unellorum. Carentan.

Cares Vasconum Mediterraneorum. Puenté de la Reina.

Caria. Païs de la Turquie Asiatique, qui fait partie de la Natolie propre.

Carlopolis Suessionum. Compiègne.

Carmala. Maraz.

Carmania. Le Kerman.

Carmania deserta. Le Sablestan.

Carmanum. Carmain.

Carni. Le Frioul.

Carnuntum, ou *Carnús.* Haimbourg.

Carnutes. L'Orléanois, le Blaisois, le Vendômois, le Dunois, le Païs Chartrain, le Drugesin, le Mantois, le Pinserais, la Beausse, le Gâtinois, le Puisaie & la Sologne.

Carnutes Autricenses. Le Païs Chartrain.

Carnutes Belsienses. La Beausse.

Carnutes Blesenses. Le Blaisois.

Carnutes Dunenses. Le Dunois.

Carnutes Durocasses. Le Drugesin.

Carnutes Genabenses, ou *Aureliani.* L'Orléanois propre.

Carnutes Meduntenses, ou *Madriacenses.* Le Mantois.

Carnutes Pinciacenses. Le Pinserais.

Carnutes Podienses. Le Puisaie.

Carnutes Secalauni. La Sologne.

Carnutes Vastinenses. Le Gâtinois.

Carnutes Vindocinenses. Le Vendomois.

Carobriva. Chabris.

Carolopolis. Carlstad.

Carpates. Les Monts Crapacs.

Carpathus. Scarpanto.

Carpentoracte Meminorum. Carpentras.

Carpetana Juga. Sierra di Guadalupé é di Pico.

Carpetani. Païs d'Espagne, dans une partie de la Castille.

Carpini Leucorum Segintensium. Charmes.

Carrha. Héren.

Carrodunum Bastarnarum. Cracovie.

Carrodunum Noricorum. Cornbourg.

Carseoli. Civita Carentia.

Carteia. Rocadillo.

Cartenna. Aochora.

Carthago nova, ou *Spartaria.* Carthagène.

Carthago vetus. Villa Franca de Panadès.

Cartris. Le Jutland.

Carucera. La Guadeloupe.

Carus, ou *Caris.* Le Cher.

Carusa. Carsa.

Carystum Ligurum. Carso.

Cascantum. Cascante.

Caseolum. Choiseuil.

Casilinum. Capoue.

Casperia, ou *Caspertula Sabinorum.* Aspra.

Caspii. L'Arasch.

Caspingium Batavorum. Aspeœren.

Caspira. Cachemire, *ou* Sirinaquet.

Caspiræi. Le Roiiaume de Cassimere, *ou* de Cachemire.

Cassinomagus. Encausse.

Cassiterides. Les Isles Britanniques.

Cassivellaunum Catyeuchlanorum. Vérulam.

Castanetum. Chatenoi, Chatenai, la Chateigneraie.

Castellani. Peuples d'Espagne, dans une partie de la Catalogne.

Castellio Albimontensis. Châtillon en Blanmontois.

Castellio Decolatensis. Châtillon en Portois.

Castellio Vabrensis ad Mosam. Saint Mihel.

Castellio Vabrensis ad Qualam. Chaillon.

Castellum Cattorum. Cassel, dans la Hesse.

Castellum Islium. L'Isle Jourdain.

Castellum Marcellinum. Cannes.

Castellum Morinorum. Cassel en Flandre.

Castellum Tabernarum. Bern-Castel.

Castellum Vindelicorum. Passau.

Castellum Vlfei. Urfé.

Castra Alata. Edimbourg.

Castra Martis. Stramartis.

Castra vetera Gugernorum. Santen,

Castra Vlpia. Kellen, *ou* Coln.

Castra Urbiensia. Châtres-Arpajon.

Castrilocus Nerviorum. Mons en Hainaut.

Castrum Albiensium. Castres.

Castrum Anemundi. Saint Chaumond, *ou* Chamond en Forès.

Castrum Arenarum. Les Arènes.

Castrum Bigerronum. Tarbe.

Castrum Durocassium. Dreux.

Castrum Eraldi. Chatelleraud.

Castrum Gonteri. Château-Gontier.

Castrum Luculli. Le Château de Leuf.

Castrum Mattiacorum. Marpurg.

Castrum Minervæ. Castro.

Castrum Nantonis. Château-Landon.

Castrum novum Arrii, ou *Castellum Arri.* Castelnau d'Arri.

Castrum novum Finnorum. Nislot.

Castrum novum Ottadinorum. Neucastle.

Castrum Radulphi. Château-Roux.

Castrum Salinense. Château-Salins.

Castrum Theodemerense. Châteauneuf en Timerais.

Castrum Veræ. Vire.

Catalauni Bassiniacenses. Le Bassigni Champenois.

Catalauni Blosienses. Le Blésois Champenois.

Catalaunum Vadicassium. Châlons-sur-Marne.

Cataracto Brigantum. Cataric.

Catyeuchlani. La Merçie.

Catina. Catane.

Catti. Ces Peuples occupoient presque toute la Hesse, la Turinge, une partie de l'Evêché de Paderborne, l'Abbaiie de Fulde, & quelque peu de la Franconie.

Cattorum Vicus. Catwic, petit bourg de Hollande, à l'ancienne embouchure du Rhein.

Catulliacum. Saint Denis.

Caturactonium Brigantum. Cataric.

Caturiges Braii. Peuples du côté de la Tarentaise & du Valais.

Caturiges Brigantini. Le Briançonois.

Caturiges Eburoduntii. L'Embrunois.

Caturiges Vapincenses. Le Gapençois.

Caturigomagus. Chorges.

Cava Braia. Folembrai.
Cava Tosta. Folletot.
Cava villa. Folleville.
Cavares. Peuples de France, qui s'étendoient depuis le confluent du Rhône & de l'Isere, jusqu'à la Durance.
Cauca Vaccaorum. Coça.
Cauchi. Peuples d'Allemagne, dans une partie de la Westphalie, autour de Brémen & d'Oldembourg, dans la partie septentrionale de l'Evêché de Minden, & dans la Frise orientale entre l'Ems & l'Elbe.
Cauciacum. Choisi.
Caucoliberis. Colioure.
Cauda. La Queue.
Caudus. Gozo.
Caviones, ou *Aviones.* Peuples du Marquisat de Brandebourg, autour de la Ville de Dalmin.
Cauliacus. Chauloi.
Caulon. Castel Vétéré.
Cautemallia. Guatimala, Province d'Amérique, dans le Méxique méridional.
Cautemallum. Guatimala, Ville d'Amérique, Capitale du Paiis de même nom.
Cea. Voiez, *Ceos.*
Ceba Ligurum. Céva.
Cebenna, ou *Cebenna.* Les Cévennes.
Cecropia. La Citadelle d'Astines.
Cedrios. La Montagne de Kentro.
Celadus. Rio Cavado.
Celadussa. La Rhénée.
Celeusum. Neustat.
Celsa Julia Ilergetum. Xelsa.
Celsi Andegavorum. Ceaux en Anjou.
Celta Armorici. Partie de la France occidentale le long des côtes, entre la Seine & la Loire, c'est-à-dire le Roumois, le Lieuvin, le Paiis d'Auge, la Campagne de Caen, le Bessin, le Cotentin, l'Avranchin, & toute la Bretagne.
Celtiberi. Peuples d'Espagne, dans une partie de la Castille.
Celtiberia. L'Espagne.
Celtica. L'Europe.
Celtici. Peuples d'Espagne, qui occupent une partie du Portugal, entre le Tage & la Guadiana.
Celtoligures. La Provence.
Cemelenum. Cimiés.
Cemmeni. Les Cévennes.
Cenacum Condrusiorum. Cinei.
Cenchrios. Petite Riviére de la Natolie occidentale, qui tombe dans la Caïstre.
Ceneta Venetorum. Cénéda.
Cenimagni. Peuples d'Angleterre, dans une partie de l'East-Anglie.
Ceno Volscorum. Nettuno.
Cenomâni Aulerci. Voiez, *Aulerci.*
Cenomâni Pertici. Le Perche.
Cenomâni Theodemerenses. Le Timerais.
Cenomâni Transducti. Le Mantouan, avec une partie de l'Evêché de Brixen.
Centinucium. Sanoi.
Centum-Cella. Civita Vecchia.
Centrônes Belgici. Peuples d'Allemagne, dans une partie des Paiis-Bas.
Centrônes Graii. La Tarentaise.
Centuripa. Centorbo.
Ceos. Zia.

Cephaladis, ou *Cephaladium*. Cefalu.

Cephalenia. Cefalénie.

Cerastis. Cypre.

Cerasûs. Cerasonte, *ou* Kirisonto.

Cerceteus. Le Cap Catabate, *ou* de Samos.

Cercinna. Gameléria.

Cercinnitis. Cherchéni.

Ceretica. Cardigham.

Cerne Atlantica. Madère.

Cerne Æthyopica. Madagascar.

Cerno. Le Sernon.

Cervaria. Le Cap Cervéra.

Cervix Africa. Le Cap de Bonne-Espérance.

Cessero. Saint Thuberi.

Chalcedon. Caltitiu.

Chalcis. Négrepont, Ville.

Chaldæa. L'Iérac.

Chalusus. La Trève.

Chamavi. Peuples de Westphalie, le long de l'Ems, proche de Lingen & Osnabrug.

Chassuarii. Voiez, *Dulcibini*.

Chauci, ou *Chayci*. Les Païis de Frise, de Groningue, de Brème & de Lunebourg.

Chelonates. Voiez, *Promontorium*.

Cheraccutum. Quérigu.

Chersonesus. Goa.

Chersonesus Aurea. La presqu'Isle du Gange.

Chersonesus Cimbrica. Le Jutland.

Chersonesus Taurica, *Pontica*, ou *Scythica*. La Crimée.

Cherusci. Anciens Peuples de Germanie, qui demeuroient entre l'Ebre & le Véser, & dont quelque partie s'étendoit un peu au-de-là de ce dernier Fleuve, dans les Païis de Lunebourg, de Brunswic, d'Hildesheim, d'Halberstad, & dans les Duchés de Lavisbourg & de Magdebourg, au midi de l'Elbe, & dans l'Ukermac.

Chesinus. Le Louvat, le Volchova, la Nie, *ou* la Néva.

Chetima. Cypre.

Chidulfi villa. Chailloue.

Chimarrus Caletum. Caudebec.

Chimarrus Velocassium. Le Bec.

Chius. Scio.

Chlorogæa Viducassium. Langrune.

Chlorogæa Unellorum. Langrone.

Choaspes. Le Caron.

Crathis. Le Cratté.

Christi Tofta. Cristot, *ou* Cressetot.

Chronus. Le Mamel.

Chrysa. La Gaidérognissa, une des Isles aux Anes.

Chrysa. Le Battaino.

Chrysas. Le Dittaino.

Chrysoceramus. Télengelcui.

Chrysopolis. Scutari.

Cibinium. Hermanstat, *ou* Cében.

Ciconium. Cormion.

Cilicia. Païis de la Turquie Asiatique, dans la Natolie, qui fait partie de l'Aladuli.

Cilini. Peuples d'Espagne, dans une partie de la Galice, aux environs d'Orense.

Cimaros. Le Cap des Grabuses.

Cimbri. Le Jutland.

Cimmersberga. Viborg.

Cimôlus. Chimoli, *ou* l'Argentiere.

Cingulum Picenum. Cingolo.

Cios. Corasia, *ou* Chéris.

Cipponi villa. Sponville.

Cirene. Corène.
Cirta Julia. Conſtantine.
Ciſa. Le Couſſon.
Ciſamum. Chiſamo.
Ciſomagus Turonum. Chinon.
Ciſſum Lacetanorum. Guiſſona.
Cithariſta. Ceireſte.
Civitatula. Citadella.
Civitas Bovis. Buffe.
Civitas Leonina. Il Borgo.
Clampetia Bruttiorum. Amantia, *ou* Mantia.
Clanis. La Chiana.
Clanius. L'Agno.
Clarenna Vindelicorum. Rain.
Clarona. La Province de Glaris.
Claſtidium. Chiaſtéſo, *ou* Chiaſteggio.
Claudia, ou *Claudivium Noricorum*. Clagenfurt.
Claudiopolis. Coloſvar, *ou* Clauſembourg.
Clavenna Rhætorum. Chiavenna.
Clavilleum. Quevilli. Chevilli.
Clauſtra Caſpia. Derbent.
Clazomenæ. Vourla.
Clenus. Le Clain.
Clepidava. Caminiec.
Clevum Dobunorum. Glocestre.
Clidium. Ortacui.
Climberris Auſciorum. Auch.
Climiciacum. Clameci.
Clipiacum Alnetenſe. Clichi en Aunai.
Clipiacum Cuniculorum. Clichi la Garenne.
Clunia Rhætorum. Feldkirken.
Clunia Sulpitia. Crugna, *ou* Corugna del Condé.
Cluniacus. Clugni, *ou* Cluni.
Clunium. Sainte Catherine.
Clupea. Zafaran.
Cluſio Baſtiſtanorum. Villéna.
Cluſium novum. Chiuſi, Ville d'Italie, dans la Toſcane, vers la ſource du Tibre.
Cluſium vetus. Chiuſi, Ville d'Italie, dans la Toſcane, ſur la Chiana.
Coano. Le Couênon.
Cocotanum. Coucouhoton.
Coceium. Coſſé.
Coche. Bagdet.
Cocintia Bruttiorum. Stilo.
Cocintum. Voiez, *Promontorium*.
Codanonia Teutonum. Sééland.
Codiciacum, ou *Cociacum Sueſſionum*. Couci en Laonois.
Cœlopolis. Dieppe.
Cœnus. L'Arc.
Colcæ. Couches.
Colchis. Païis de la Turquie Aſiatique, qui fait partie de la Georgie.
Colicaria. Rocaglia.
Colinia. Cypre.
Colippo nova. Leiria.
Colliniacum. Coligni.
Colmartium. Colmars, Ville de Provence, ſur le Verdon.
Colonia Ælia Capitolina. Jéruſalem.
Colonia Agrippinenſis. Cologne.
Colonia Alexandrina. Buſſeret.
Colonia Allobrogum. Coulonges.
Colonia Aſturica Auguſta. Aſtorga.
Colonia Auguſta Firma. Ecija.
Colonia Equeſtris Urbigenorum. Nion.
Colonia Faventia. Barcelone.
Colonia Gemella Accitana. Guadix.
Colonia Gemina Urbanorum. Oſſone.
Colonia Julia Hiſpelli. Spello.

Colonia Julia Pisana. Pise.
Colonia Julia Traducta. Tanger.
Colonia Junonia Etruscorum. Falari.
Colonia Luceria. Lucéra delli Pagani.
Colonia Norbensis. Alcantara.
Colonia Patricia. Cordoue la Vieille.
Colonia Romulensis. Séville.
Colonia Ulpia Trajana Gugernorum. Kellen, *ou* Coln.
Colonia Trinobantum. Colchester.
Colubraria. Mont Colobré.
Columbæ. Coulombes. Coulombs. Coulons.
Columbaria Rauracorum. Colmar, Ville de France, en Alsace, sur le Lauch.
Columbarium Tullense. Colombei.
Comæaca. Comaiagua, *ou* Valladolid, en Amérique.
Comagena. L'Argen-Laber.
Comana. La nouvelle Cordoue.
Comania. La Circassie & quelques autres Régions voisines.
Comarca. La Camargue.
Comaria. Comore.
Combelli. Combeaux.
Commarchia, ou *Commerciacum*. Commerci.
Commoni. Peuples de France, en Provence, au Territoire de Marseille.
Compendium Suessionum. Compiègne.
Complutum. Alcala de Hénarès.
Compsa Hirpinorum. Conza.
Compulteria Samnitum. Santa Maria de Covultéré.
Conaldum. Cunaut.
Concani. Peuples d'une partie de l'Irlande.
Concani. Peuples d'Espagne.
Concha Celtiberorum. Cuenza.
Concorcellum, ou *Concurcallum*. Concressant.
Condate. Condé. Candé. Cande. Cône. Cognac. Conflans. Condac. Confolans. Ecoflans. Coblents. Congleton.
Condate Allobrogum. La Chana.
Condate Andegavorum. Candé, en Anjou.
Condate Biducassium. Condé sur Noireau.
Condate ad Carantonum. Condac.
Condate Carnutum. Cône.
Condate Cornaviorum. Congleton.
Condate Haginæ. Condé en Hainaut.
Condate Isaræ. Conflans Sainte Honorine.
Condate Lillæ, ou *ad Lillam*. Libourne.
Condate Matronæ. Conflans l'Archevêque.
Condate ad Matronam. Condé sur Marne.
Condate ad Mucram majorem. Condé Saint-Libiaire.
Condate ad Mucram minorem. Condé sur le Petit Morin.
Condate Perticum. Condé sur Huigne.
Condate Pictonum. Cognac.
Condate Rhedonum. Rennes.
Condate Sagiorum. Condé sur Sarte.
Condate Senonum. Montereau Faut-Jonne.
Condate Suessionum. Condé-sur-Aîne.

Condate Turonum. Cande en Touraine.

Condivicnum, ou *Condivincum Namnetum.* Nantes.

Condomum Nitiobrigum. Condom.

Candruſii. Le Condros.

Confluens Allobrogum. Conflans en Savoie.

Confluens Arvernorum. Confolant.

Confluens Leucorum. Conflans en Barrois.

Confluentes Andegavorum. Ecoflans.

Confluentes Lemovicum. Confolans.

Confluentes Moſellæ. Coblens.

Confluentes Segalaunorum. Conſulens.

Conimbrica nova. Coimbre.

Cononium Trinobantum. Canonden.

Conovium novum. Aberconwei.

Conovium vetus. Caerhéan.

Conſentia. Coſenza.

Conſorrani. Le Couſerans.

Conſtantia. Conſtance.

Conſtantia Ammæa. Caramit.

Conſtantinopolis. Conſtantinople.

Conteſtani. Peuples d'Eſpagne, dans une partie des Roïiaumes de Valence & de Murcie, depuis Valence juſques à Carthagène.

Convenæ. Le Comingeois.

Copæ. Topoglia.

Coptos. Cana.

Corbavia. La Croatie.

Corbeia Ambianorum. Corbie.

Corbilo Namnetum. Nantes.

Corbolium Pariſiorum. Corbeil.

Corcora. Gurc.

Corcyra Melaina. Curzola.

Corcyra Phæacia. Corfou.

Corduba nova. Cordoue.

Corduba vetus. Cordoue la Vieille.

Corenſe Litus. Côte d'Eſpagne; entre le Guadalquivir & la Guadalete.

Corfinium. Pentina.

Corganga. Urgence.

Coriæ. Cœur.

Coricæ & Mylæ. Les Iſles des Grabuſes.

Cortiliſum. Croiſilles.

Corinium Dobunorum. Circeſter.

Corinthia. Païis de la Turquie Européane, dans la Morée; qui fait partie du Duché de Clarence.

Corinthus. Coranto.

Coriovallium Eburonum. Falkembourg, *ou* Kéier.

Coritani. Peuples d'Angleterre, dans une partie de la Mercie.

Corniaca villa. Corniéville.

Cornu Galliæ. Le Païis de Cornouailles; qui comprend les Diocèſes de Quimper & de Saint Paul de Léon.

Corona. Braſſau, *ou* Cronſtat.

Coronæburgum. Cronebourg.

Corone. Coron.

Corrhagum. Croie.

Cors. La Court.

Corſi. Peuples d'une partie de la Sardaigne.

Cortella. Courteaux.

Corticella. Courcelle.

Cortile. Courtil.

Cortoriacum. Courtrai.

Corymbia. Rhodes.

Cos. Lango, *ou* Stingo.

Coſa, ou *Coſæ Volcientium.* Anſédonia.

Cosia Sylva. La Forêt de Compiègne.
Cosium. Cuise.
Cossio Vasatum. Basas.
Cossira, ou *Cosyra*. Pantalarée.
Cotanum. Cotloca.
Cotyaion. Cutaige.
Coveliacæ Vindelicorum.Cochel.
Covnus. Canvei.
Cranae. Macronisi.
Crassi Tosta. Cressetot, *ou* Cristot.
Credilium Bellovacorum. Creil.
Crodoldus. La Crou.
Cremera. La Varca.
Crenedion. Cailli, Calli, Calix, Villi, Vouilli, Veuilli, Vailli.
Crestona. La Romanie.
Creta. Candie.
Crimæ. Ruines d'une ancienne Ville de la Turquie Européane, en la petite Tartarie, dans la Crimée.
Crimæa. La Crimée.
Crissus. Le Kérès.
Crista Segalaunorum. Crest.
Crociatonum Vnellorum. (Peut-être) Coutances.
Crodomnum. Cournon.
Crotævilla. Creteville.
Crotalus. Corace.
Croto. Crotone.
Crupsta. Crouchten.
Crusini. Peuples de France, dans le Comté de Bourgogne, autour de Dole.
Cryptus. Cypre.
Cubi. Voiez, *Bituriges*.
Cubinium, ou *Cuvinum*. Couvin.
Cucia. Conche.
Cuculum Marsorum. Cucullo.
Cuenta. La Canche.
Cuisa. Oran.
Cularo Allobrogum. Grenoble.
Cuncania. Le Roiiaume de Cunzan.
Cuneus. Les Algarves. Le Cap de Sainte Marie.
Cupa. Cuve.
Cupedonia. Couvonge.
Cuprimontium. Coperberg.
Cures Sabinorum. Corrèse, *ou* Curèse.
Curetis. Candie, Isle.
Curia Lepontiorum. Coire.
Curias. Audimo.
Curiosolites. Le Paiis de Cornouailles, qui comprend le Diocèse de Cornouailles & la partie occidentale de celui de Saint Paul de Léon.
Curleium. Creulli.
Curretia. La Courrèse.
Currus Deorum.La Sierra Liona.
Curticulæ. Corsieu.
Curva Petra. Corpierre.
Curva Salix. Courbesaux.
Cusilla. La Choisille.
Cussiliacum. Cullei.
Cusus. Le Wage.
Cutiæ Lepontiorum. Coso.
Cyaneæ. Voiez, *Insulæ*.
Cydarus. Le Machléva.
Cydnus. Carasu.
Cydon, ou *Cydonia*. La Canée.
Cynetes. Peuples d'Espagne, entre le Cap de Saint Vincent & la Guadiana.
Cynthus. Castro.
Cyparissa. Arcadia.
Cyprus. Cypre.
Cyrba. Girapétra.
Cyrene. Courens, *ou* Correns.
Cyriaconesus. Saint Domingue, Isle.
Cyriacopolis Arabica. Crac.
Cyriacopolis Mexicana. Saint Domingue, Ville.

Cyrnos. Corse.
Cyropolis. Scamachie, *ou* Sammachi.
Cyrtha. L'Eraut.
Cyrus. Le Cour.
Cytæum novum. Candie, Ville.
Cytæum vetus. Sétia.
Cythera. Cérigo.
Cythnos. Termie.

D.

DABRONA. La More.
Dacia. Partie de la Turquie Européane, dans la haute Hongrie, la Rascie, la Transilvanie, la Valaquie, la Moldavie, & une partie de la Bulgarie.
Dacia Alpestris. La Valaquie, & la Moldavie.
Dacia Mediterranea. La plus grande partie de la Transilvanie, & quelque peu de la haute Hongrie.
Dacia Ripensis. Une petite partie de la haute Hongrie, de la Transilvanie, & de la Rascie.
Dalmannio. Le Daumignon.
Damalis. Le Cap, *ou* le Serrail de Scutari.
Damascus. Damas.
Damnonii. Peuples d'Angleterre, qui habitent une partie de l'Ouessex.
Danubius. Le Danube.
Danubrium. Deneuvre.
Danum Brigantum. Dancaster.
Daona. Le Tunquin.
Daradi. Peuples d'Afrique, dans la Nigritie, où sont les Provinces de Gualata, de Sénéga, de Kiératic, & de Mandinga.
Daradus. Le Niger, *ou* le Sénéga, Fleuve.
Dariorigum Venetorum. Vennes.
Darnolium. Darneuil.
Daunia. Le Capitanat.
Dea Vocontiorum. Die.
Decastadium Bruttiorum. Castidio.
Decem pagi Mediomatricorum. Dieuse.
Decetia. Decise.
Deciana Indigetum. Junquiéres.
Deciâtes. Peuples de France, dans une partie de la Provence, autour de Biot & de Villeneuve, aux bouches du Var.
Decumates. Peuples qui s'établirent entre le Rhein, le Mein, & le Danube, dans le Païis que les Marcomans quitterent pour aller dans la Bohéme.
Delgovitia Brigantum. Godmundham.
Delos magna. La grande Sdile.
Delos parva. La petite Sdile.
Demetes. Peuples d'Angleterre, dans une partie du Païis de Galles.
Deonantum. Dinant, au Païis de Liége.
Deppa. Dieppe, Ville.
Deppa. La Riviére de Neuchâtel.
Dere. Babelmandel.
Dertona Ligurum. Tortone.
Derventio Brigantum. Dervent.
Desiderii Fanum. Saint Disier.
Deslonardum. Dieulouard.
Desuviâtes. Peuples de France, en Provence, aux environs de Tarascon.
Deva Cornaviorum. Chester.
Devana. Aberdon.

Deventria.

Deventria. Déventer.
Devona. Virsbourg.
Devona Cadurcorum. Cahors.
Devringi. Peuples qui étoient d'abord dans le Marquisat de Brandebourg, proche des Villes de Havelberg & de Rappin, & qui se transporterent depuis dans ce que nous appellons la Turinge.
Deuson Ubiorum. Duis.
Dia. Naxie.
Dia. Zia.
Diablintes. Voiez, *Aulerci*.
Dianium Contestanorum. Dénia.
Dianium Etruscorum. Gianuto.
Dicasmuda. Dixmude.
Dicta. Les Montagnes de Sitié.
Dimastos. La Montagne de Sainte Hélie.
Dinia. Digne.
Diodurus Carnutum. Villepreux.
Diomedea. Voiez, *Insula*.
Dionysopolis Avarum. Varna.
Dioscoridis. Saçotora.
Dioscurias Albanorum. Savatopoli.
Diospolis. Sahid, Ville.
Dispargum. Duisbourg.
Divio Lingonum. Dijon.
Divodurus Mediomatricorum. Mets.
Divona Cadurcorum. Cahors.
Dobuni. Peuples d'Angleterre, dans une partie de la Mercie, autour de Glocestre.
Dominica Vallensis. Demange aux Vaux.
Dohudi villa. Déonville.
Dolenses. Le Diocèse de Dol.
Doliche. Nicaria.
Dominium Apri. Domèvre.
Dominium Basoli Calvomontense. Dombâle en Chaumontois.
Dominium Basoli Mercuriense. Dombâle en Mircourt.
Dominium Basoli Seginten e. Dombâle en Saintois.
Dominium Frontis. Domfront.
Dominium Gilonis. Damgilon.
Dominium Mariæ. Dammarie.
Dominium Martini. Dammartin.
Dominium Medardi. Domart.
Donati Fanum. Saint Don.
Donincum, ou *Doningium*. Doulens.
Donoparium. Donpaire.
Doræ Ostium. Doremunde.
Doræ Trajectus. Dordrecht.
Dordinga. Dourdan.
Dorestate. Vic-Durstède.
Doris. Païis de la Turquie Européane, qui fait partie de la Livadie.
Doromellum. Dormeille.
Dorocrnia. Troar.
Dracanon. Fanar, *ou* Fanari.
Drabonus. Le Dron.
Drangiane. Le Sigestan.
Dravus, ou *Draüs*. Le Drave.
Drepana (orum), ou *Drepanum*. Trapano.
Drepane. Corfou.
Drilli. Peuples de la Turquie Asiatique, dans la Natolie, au Territoire de Trébisonde Ville d'Amasie.
Drogonis villa. Dagonville.
Druentia. La Durance.
Druna. La Droume.
Drusomagus. Kempten, *ou* quelque ancienne Ville qui en étoit voisine.
Dryopolis. Aichtet.
Dryusa. Samos.
Duaca. Gallouai.
Duacum. Douai.
Dubios. La Plaine des Trois-

Eglises, en Arménie, proche le Mont Ararat.

Dubis. Le Dou.

Dubris Cantiorum. Douvre, Ville.

Dubris Viducassium. Douvre, Village.

Duceium. Ducé.

Ductus. Le Doit.

Duina. La Douine.

Dulcibini & Chassuarii. Ces Peuples quitterent le Véser, la source de la Lippe, & Paderborn, pour s'établir dans le Paiis que les Chamaves & les Angrivariens abandonnerent quand ils allerent s'emparer de celui des Bructères.

Dumna. Une des Vesternes.

Dumnissus Treverorum. Densen.

Dumnonii. Peuples d'Angleterre, dans une partie de l'Ouessex.

Dunum. Doun.

Dunum Carnutum. Chateaudun.

Dunum Cuborum. Don le Roi, *ou* Dun le Roi.

Dunrodunum. Dornoc.

Duranius. La Dordogne.

Durdanius. Le Durdan.

Durio. Sistéron.

Durius. Le Douro.

Durnium Durotrigum. Dorchester.

Durnomagus Ubiorum. Dursmagen.

Durnovaria Durotrigum. Dorchester.

Durobrivis Cantiorum. Rochester.

Durocasses, ou *Durocassinus pagus*. Le Drugésin.

Durocobriva, autrement, *Durocobrives*, ou *Magiovinium Catyeuchlanorum*. Herford, en Angleterre.

Durocornovium Dobunorum. Circester.

Durocortorum Remorum. Reims.

Duroicoregus. Donqueurre.

Durolenum Cantiorum. Lenham.

Durolitum Trinobantum. Leiton.

Duronum Veromanduorum. La Capelle.

Durotriges. Peuples d'Angleterre, dans l'Ouessex, au Comté de Dorchester.

Durovernum Cantiorum. Cantorbéri.

Dusiacum Treverorum. Dousi.

Dutmala. La Dommèle.

Dutulus. L'Oust.

Dyonisias. Naxie.

Dyrrachium. Durazzo.

E.

EARA. L'Ierre.

Eauna, *Eiauna*, ou *Eona*. Jenne.

Eblana. Dublin.

Ebora Celticorum. Evora.

Ebora Maritima, ou *Eburobritium*. Evora de Alcobaça.

Eboracum. Jorc.

Eborolacum Arvernorum. Ebreule.

Ebroduntii. Peuples de France, dans une partie du Dauphiné.

Ebrovillare. Brahaut.

Ebûda, ou *Ebûdes*. Voiez, *Insula*.

Eburodunum Caturigum. Embrun.

Eburodunum Quadorum. Brin.

Eburodunum Urbigenorum. Iverdun.

Eburones. Peuples de Germanie, qui possédoient tout le terrain qui est dans les Evêchés de Tongres, de Mastricht, de Liége, une bonne partie du Brabant, du Limbourg, du Luxembourg, & le Comté de Namur.

Eburovices. Voiez, *Aulerci.*

Eburus Quadorum. Olmuts.

Ebusus. Evisse, *ou* Iviça.

Echinades. Voiez, *Insulæ.*

Echinusa. Chimoli, *ou* l'Argentiere.

Edessa. Roha.

Edeta. Leiria.

Edetani. Peuples d'Espagne, qui occupent une partie des Roiiaumes d'Aragon & de Valence.

Edrum Euganeorum. Idro.

Egara Laletanorum. Terrazzo, *ou* Terrassa.

Egnatia. Torré d'Anazzo.

Egosa, ou *Engosa Castellanorum.* Campredon.

Egrannia, ou *Egrennia.* L'Egreine, *ou* la Grâne.

Egripos. Négrepont, Isle.

Eislebia. Eisleben.

Elatria. Arta.

Elâver (hoc). L'Allier.

Elcebus. Ell.

Elegium Noricorum. Erlac.

Elegium Tribocorum. Ell.

Elena Atrebatum. Lens.

Eleusis. Lépsina.

Eleutheri. L'Albigeois.

Eleutheropolis. Villefranche.

Elinum Batavorum. Vorbourg.

Eliphii Fanum. Saint Elophe.

Elis. Belvedere.

Elis. Paiis de la Turquie Européane, en Morée, qui fait partie du Belvedere.

Elisatia, Elisata, Elisasa. L'Alsace.

Elixona. La nouvelle Zemle.

Elnona. Saint Amant.

Eltia. L'Elts.

Elúsa nova. Eause.

Elúsa vetus. La Cioutal, *ou* la Ciutat, en Eausan.

Elusates. L'Eausan.

Elysii Naharvali. Voiez, *Lygii.*

Emaüs. Cubéibi.

Ementia. Amance.

Emerita. Mérida, en Amérique.

Emerita Augusta. Mérida, en Espagne.

Emesa, ou *Emisa.* Hems.

Emilia. La Romagne.

Emona Tauriscorum. Laubac.

Emporiæ. Ampurias.

Enna. Castro Giovanni. L'Enne, Riviére.

Enosis. Sant Antioco.

Entella. Lavagna.

Ephesus. Aiasalouc.

Ephyra. Coranto.

Epidamnum, ou *Epidamnus.* Durazzo.

Epidaurum novum, ou *Epidaurus nova.* Raguse.

Epidaurum, ou *Epidaurus vetus.* Ragusa Vecchia.

Epidium. Ila, une des Vesternes.

Episcopi Cella. Bischofzel.

Epoissus. Ivoix.

Epora. Montori.

Eporedia Salassorum. Ivrée.

Erdelia. La Transilvanie.

Eressus. Erisso.

Ergavica Celtiberorum. Alcagnis.

Eribæa. Croie.

Eridanus. Le Pô.
Erubris. Rouver.
Eryx. Monté San Juliano.
Escalfoium, ou *Excalfanium*. Echaufour.
Esco Licatium. Shonga.
Esmantia. Amance.
Estiones. Peuples d'Allemagne, dans une partie de la Souabe.
Estola. L'Esla.
Etruria. La Toscane, avec le Patrimoine de Saint Pierre, & une partie du Duché de Castro, de l'Orviétan, & du Pérusin.
Etrusci. Peuples d'Italie, dans la Toscane, &c.
Eubœa. Négrepont, Isle.
Eudoses. Anciens Peuples de la Poméranie, entre l'Oder & la Mer Baltique, aux cantons de Baart & de Stralesond.
Eudoxia, ou *Eudoxiane*. Tocat.
Evena. Vegne.
Euganei. La Marche Trévisane.
Eugivaldi Vallis. Erival.
Eulæus. Tiritiri.
Eulæus. Le Caron.
Euneno. L'Aa.
Evænos. Pipéri.
Euplæa. Gajola.
Evriacum. Ivri.
Eurogilum. Ebreule.
Europa. L'Europe.
Eurotas. Le Vasilipotamo.
Eusebia Cappadocum. Késaria.
Ex. Almunéçar.
Exaquium. Lessai.
Exarta. Les Issarts.
Exilissa. Ceuta.
Excilidunum Cuborum. Issoudun.

F.

FABARIACUM. Faveri.
Fabariæ Segintenses. Faviers en Saintois.
Fabriola. Faverole.
Fabaris, ou *Farfarus*. Le Farfa.
Fabatum. Favas.
Fabii Mons. Fabemont.
Faciana. Rio de la Hacha.
Fæsulæ Etruscorum. Fiésoli.
Faguletum. Malenoue.
Fagus Leucorum Blesensium. Foug.
Falaria, ou *Faleria Picentinorum*. Falléroni.
Falemannia. La Famine.
Falernus. Mondragon.
Falisca, ou *Faliscos nova Etruscorum*. Citta Castellana.
Falisca, ou *Faliscos vetus Etruscorum*. Falari.
Fama Augusta. Famagouste.
Fanum Deodati. Saint Dié, *ou* les Jointures.
Fanum Feroniæ Etruscorum. Piétra Santa.
Fanum Fortunæ. Fano.
Fanum Martis. Famars.
Fanum Martis Calvomontense. Saint Mars en Chaumontois.
Fanum Reguli. Saint André.
Fara Briegia. Fère Briange.
Fara Campana. La Fère Champenoise.
Fara Lannensis. La Fère Lâonnoise.
Fara Tardanensis. La Fère en Tartenois.
Farabia. Otrar.
Faventia Lingonum Transductorum. Faenza.
Fabiana Licatium. Babenhausen.

Felix Julia. Barut.
Felsina. Voiez, *Banonia.*
Fenile. Bernai.
Fenilia. Bernieres.
Ferentum Apulum. Forenza.
Feritor. Le Bisagno.
Fiacum. Figéac.
Ficaria. Cortélaso, *ou* Serpentéra.
Fici. Galata.
Ficilio. Fossieu.
Fidentia Ausciorum. Féfenzac.
Filfortium. Vilvorde.
Filicaria. Fougere.
Filicariæ Rhedonum. Fougeres, Ville de Bretagne, aux confins du Maine.
Filicariola. Fuguerole.
Filicariolum. Fougerou.
Filictum. Fougerai. Fougeraie.
Fines Abrincatum. Pontorson.
Fines Aurelianorum. Vitri aux Loges.
Fines Biturigum Cuborum. Blanc en Berri.
Fines Helvetiorum. Pfin.
Fines Lemovicum Corbosin.
Fines Leucorum. Fains.
Fines inferiores Nitiobrigum. Aiguillon.
Fines super Nitiobriges. Le Mas d'Agénois.
Fines Parisiorum. Bonnes.
Fines Remorum. Fimes.
Fines Taurinorum. Veillâne.
Fines Tolosatium. Castelnau d'Arri.
Fines Tricoriorum. La Roche-Arnaud.
Fines Verodunorum. Estain.
Fines Vulgientium. Baumètes.
Finni, Fenni, ou *Finnia.* La Finlande.
Finningia. Les Etats de Finlande.
Firmitas. La Ferté. La Bretêche. La Haie. Les Aix.
Firmitas Dominii Gilonis. Les Aix Damgilon.
Firmum Picenum. Fermo.
Fiscamnum Caletum. Fécan.
Flaba Mons. Flabemont.
Flaminia. La Romagne propre.
Flavia Æduorum. Autun.
Flavia Constantia Unellorum. Coutances.
Flavia Fanestris. Fano.
Flavia Neapolis. Naplouse.
Flaviobriga. Bilbao.
Flavionavia Pœsicorum. Saint André.
Flavium Brigantium. La Corugna.
Flavium Solvense Noricorum. Solfed.
Florentia. Florence.
Flumen Argenteum. L'Argens.
Flusor. Le Chiento.
Focariæ. Feuquieres.
Fons Bliaudi. Fontainebleau.
Fons Evraldi. Fontévraud.
Fontanetum. Fontenai. Fontenoi.
Fontanetum Paganelli. Fontenai le Painel.
Fontes Luppiæ. Lipspring.
Fontiburgus. Calibourg.
Fonticulus. Cailli, Calli, Calix, Villi, Veuilli, Vouilli, Vailli.
Fontis Tosta. Cailletot.
Fontivilla. Quillebeuf.
Foramen Ossida. L'Hour d'Osse.
Forentum Apulum. Forenza.
Formosa. Le Benin.
Forum Alieni. Ferrare.
Forum Calcarium. Forcalquier.
Forum Claudii. Montiers en Tarentaise.
Forum Claudii. Oriolo.
Forum Cornelii. Imola.

Forum Domitii. Frontignan.

Forum Fulvii Valentinum. Valenza.

Forum Hadriani. Vorbourg.

Forum Jovis. Faniaux.

Forum Julii Carnorum. Civitad di Friuli.

Forum Julii Oxybiorum. Fréjus.

Forum Jutuntorum. Crème.

Forum Ligneum. Urdos.

Forum Livii. Forli.

Forum Neronis Arecomicum. Lodève.

Forum Neronis Vendascense. Carpentras.

Forum Novum. Fornoue, *ou* Fornovo.

Forum Popilii. Forlimpopolo.

Forum Segusianorum. Feurs.

Forum Sempronii. Fossombroné.

Forum Tiberii. Keirsestul.

Forum Veneris, ou *Vetus*. Fourvieres.

Forum Voconii. Le Canet.

Fosi. Anciens Saxons dans la Holsace.

Fossa Civilis. Le Lecq.

Fossa Corbulonis. Fliet.

Fossa Drusi. Issel-Oort.

Fossa Mariana. Fos. Brasmort.

Fossa Merovai. Le bras droit & le principal lit de la Meuse, dans l'endroit où elle se sépare audessous de Dorcum. Il passe à Dordrecht.

Fossa Othonis. Le Honte.

Franca Tosta. Franctot, *ou* Franquetot.

Franci. Peuples situés d'abord en Germanie, entre la Mer Baltique & l'Elbe, dans le Paiis qui comprend le Holstein, le Lauvembourg, le Méclebourg & la Poméranie, au moins en partie; d'où ils s'établirent entre l'Elbe & le Véser, dans une partie des Paiis de Brunswick, de Halberstat, de Magdebourg, de la Hesse, dans presque toute la Turinge & dans la partie de Franconie qui est à la droite du Mein: & passerent ensuite dans la Vétéravie, le Westervald, la Hesse, & la Westphalie, jusqu'au tems de Clovis, qui les mena dans les Gaules, où ils sont restés jusqu'à present.

Francia. L'Isle de France.

Franciscopolis Caletum. Le Havre.

Fredelatium Consorranorum. Pamiers.

Frentani. Peuples d'Italie, dans une partie de l'Abrusse.

Frento. Le Fortoré.

Fretum Abydenum. Le Détroit des Dardanèles.

Fretum Cimmerium. Le Détroit de Caffa.

Fretum Dereum. Le Détroit de Babelmandel.

Fretum Gaditanum, ou *Herculeum*. Le Détroit de Gibraltar.

Fretum Mysium. Le Détroit de Constantinople.

Fretum Samium. Le petit Boghas.

Frigida. Cole.

Frisii. La Frise.

Frusino Volscorum. Frussiloné.

Fruxinum. Freisingen.

Fuciniacum. Le Faussigni.

Fulginia, ou *Fulginium*. Fuligno.

Furculæ Caudinæ Samnitum. Furchié.

Furnus Episcopi. Le Fort-l'Evêque.

G.

GABALI. Peuples de France, en Languedoc, dans le Gévaudan.
Gabii. Hosteria di Finocchio.
Gades, ou *Gadis*. Cadis.
Gadaronesi. Les Isles aux Asnes.
Gætuli. Peuples d'Afrique, dans une partie du Sara.
Galaria, ou *Galeria*. Gagliano.
Galata. Galita.
Galatia. L'Europe.
Galatia. Païs de la Turquie Asiatique, dans une partie de l'Amasie & de la Natolie propre.
Galeotis. Mélilli.
Galliacum. Gailhac.
Galloliguria, ou *Galloligures*, ou *Gallia Ligustica*. La Provence.
Gamarantes. Peuples d'Afrique, dans une partie du Sara.
Ganda, ou *Gandavum*. Gand.
Gandrelisa. Jandelise.
Gangani. Peuples d'une partie de l'Irlande.
Gangara. Castomoni.
Gangarea. Méchoacan.
Gange. Ougeli.
Gangetica. Le Roiiaume de Bengale.
Gannodurum. Stein.
Gaoxa. L'Isle de Macao.
Gaphara. Un des trois Quartiers de Tripoli de Barbarie.
Gargosilum. Gergeau.
Garienum. L'Iare.
Garites. Le Comté de Gaure.
Garoceli. Peuples d'Italie, en Savoie, dans la Maurienne.
Garumna. La Garonne.
Garumni. Peuples situés le long de la Garonne. C'est apparemment Riviere, Verdun, *ou* le Nébausan.
Gavarretum. Gabaret.
Gaudiacum Bedense. Joui, en Voide.
Gaudiacum Dulmense. Joui, en Dormois.
Gavera Iluronensis. Le Gave d'Oleron.
Gavera Palensis. Le Gave de Pau.
Gaurionesus. Gaurionisi.
Gauroleon. Le Port Gaurio, *ou* Gabrio.
Gedanum. Danzic.
Gedrosia. Le Mécran.
Gela. Alicata.
Gela. L'Arasch.
Gelas. Fiumé Salso.
Gelbis. Kile.
Gelduba. Gelbe.
Gelida, ou *Gelisa*. La Gelise.
Gellanus Mons. Saint Laurens, en Scarponois.
Gemina. L'Etampe, *ou* la Juine.
Gemmelaüs. Gemblour.
Genabum Carnutum. Orléans.
Geneva Allobrogum. Genève.
Genusium Apulum. Génosa.
Georgia. Girgé, Ville.
Georgiana. Le Girgé, Province.
Gerardi Villa. Graville.
Gerbodi Villare. Gerbeviller.
Gergelum. Gigeri.
Gergovia Boiorum Celticorum. Moulins, en Bourbonois.
Gerion, ou *Gerunium*. Tragonora.
Germanicum, ou *Germanicus Vindelicorum*. Fobourg.
Germanopolis Ledia. Saint Germain en Laie.
Germanum Jazygum. Cassovie.

Germiniacus Segintensis. Germini.

Gerra. Le Catif.

Gerulata. Kerlbourg.

Gerunda. Girône.

Gesocribate. Brest.

Gesodunum Noricorum. Lintz.

Gesoriacum Morinorum. Bologne sur Mer.

Getæ. Peuples de la Turquie Européane, dans la Transilvanie, la Moldavie & une partie de la Bulgarie.

Giemum. Gien.

Gienna. Jaen.

Gisors, tis, ou *Gisortium.* Gisors.

Glanis. L'Agno.

Glannata. Glandève.

Glanum Livii. Saint Remi.

Glota. La Cluid.

Gnatia. Torré d'Anazzo.

Gnidus. Capo Crio.

Gnossus. Cinossa.

Gobanium Silurum. Abergawen, *ou* Abergenni.

Godonis curtis. Guècourt. Godoncourt.

Gomberti Valles. Gombervaux.

Gondoini curtis. Gondrecourt.

Gorduni. Peuples d'Allemagne, dans les Paiis-Bas, aux environs de Courtrai.

Gorgon. La Gorgona.

Goridis. Cori.

Gothi, ou *Gothones.* Anciens Peuples de Prusse, qui s'étendoient depuis Dantzic jusqu'à Culm.

Gothia. Le Toulousan.

Gothini. Anciens Peuples voisins des sources de l'Oder & de la Vistule, entre les Villes de Teschem, dans la Silésie, de Mézirzec, dans la Moravie, & de Bielsko, dans la Pologne.

Graccuris Vasconum. Agréda.

Græcia Magna. Le Roiiaume de Naples, *ou* l'Italie méridionale.

Græcium, ou *Grajacum.* Gratz.

Gradicum Sequanorum. Grai.

Grandesæ, ou *Grania.* Grand.

Grandis tofta. Grâtot.

Granicus. Le Sousoughirli.

Granus. La Grane.

Graona. La Grône.

Grassa. Grasse.

Gratianopolis Allobrogum. Grenoble.

Graviaci. Gurc.

Grinianum. Grignan.

Grinnes. Rhénen.

Groneburgum. Tavasthus.

Grontes. Le Grant.

Grovia. Grove.

Grusina. Scau.

Gudivia. Aberfraw.

Guellebodium, ou *Guellebotum.* Quillebeuf.

Gugerni. Le Gueldre.

Guisunum. Guiche.

Gundulfi Villa. Gondreville.

Guntia. Le Guntz.

Guntia Licatium. Guntbourg.

Guptos. Le Nil.

Gusia. Guise.

Guta, ou *Gutia.* La Gothie.

Guteburgum. Gotebourg.

Guttalus. L'Oder.

Gyara, ou *Gyarus.* Joura.

H.

HADRIA Prætutianorum. Porto di Atri.

Hadrianopolis. Andrinople.

Hadrianopolis. Tocat.

Hafnia. Copenhague.

Haina, ou *Hagina*. La Haine, Riviére.
Hainoum, ou *Hagnavum*. Le Hainaut.
Hales, ou *Heles*. La Halente.
Halicarnassus. Boudron.
Halys. L'Hali.
Hamacostos. Famagouste.
Hamaxobii. La Moscovie, *ou* le Duché de Moscou, dans la grande Russie.
Hamerte. Mételin, Isle.
Hammulus. Hameau. Le Hommeau.
Hammus. Ham. Le Homme.
Hammus Ambibarorum. Hambie.
Hardonia Hirpinorum. Ardonia.
Haristallium, ou *Heristelium*. Herstal.
Harmastis. Cori.
Harmosa. Ormus.
Harpona. Cerboli, *ou* Corboli.
Haruvia. Haroue.
Haspinga. La Hesbaie.
Hebrus. La Marisa.
Hecatompolis. Candie.
Heidra Cadetum. Airan.
Heidra Tungrorum. Haidre en Famine.
Helcebus Tribochorum. Shéleſtat.
Helena Sardonum. Elne.
Helene. Macronisi.
Helenopolis. Francfort sur le Mein.
Heliopolis Libanesia, ou *Heliopolis Syriæ*. Baalbec.
Hellas. La Livadie.
Hellelus. Ell.
Hellelus. L'Ill.
Hellusii & Oxiones. Anciens Peuples, qui habitoient la nouvelle Zemle.
Helmopolis. Halmstad.
Helvecones. Voiez, *Lygii*.
Helvetia. La Suisse.
Helvetii Ambrones. Les Provinces de Soleure & de Berne.
Helvetii Retici. La Suisse orientale.
Helvetii Sequanici. La Suisse occidentale.
Helvetii Tigurini. Le Canton de Zuric, la Turgovie, & le Territoire de Saint Gal.
Helvetii Tugeni. La Province de Zug.
Helvetii Urbigeni, ou *Valdenses*. Le Paiis de Vaud.
Helvetum. Ell.
Helvii. Le Vivarais.
Helvillum Umbrorum. Sigillo.
Hemeroscopium Contestanorum. Dénia.
Heneti. L'Etat de Venise.
Heneti. Le Dogat.
Henna. Castro Giovanni.
Heraclea Comana. Anarghie.
Heraclea Pontica, ou *Heraclea Maryandinorum*. Penderachi.
Heraclea Thraciæ. Pantiro.
Herbanum Etruscum. Orviéte.
Herbanus Ager. L'Orviétan.
Herberti tofta. Hébertot.
Herbipolis. Virsbourg.
Herendalium, ou *Herentalia*. Hérentals.
Hermannopolis. Hermanſtat, *ou* Cében.
Hermiones. Peuples d'une partie considérable de l'Allemagne.
Hermonis Villa. Harmonville.
Hermunderi. Anciens Peuples de Germanie, qui occupoient la Principauté d'Anhalt, la Saxe, entre l'Elbe & la Sala, les environs de Coburg & de Bamberg, dans la Franconie, de Nuremberg, dans le

Palatinat, de Dunkespiel, & de Nortlingen, dans la Souabe, & s'etendoient jusqu'à Ingestat, proche du Danube.

Hermus. Le Sarabat.

Hernici. Peuples d'Italie, dans une partie de la Campagne de Rome.

Heruli. Voiez, *Lemovii*.

Herus, ou *Herius*. L'Isle de Noirmoutier.

Hesperia Æthyopica. La Guinée méridionale.

Hesperia Campestris Viducassium. Etrehan en Bessin.

Hesperia Magna. L'Italie.

Hesperia Ripensis Viducassium. Etrehan sur Orne.

Hesperia Ultima, ou *Iberica*. L'Espagne.

Hesperi-Cornu. Le Cap Tagrin, *ou* de Sierra Liona.

Hesrus. L'Arou.

Hetriculum Bruttiorum. Lattarico.

Hiccara. Carini, *ou* Muro d'Icarini.

Hiera. Marétamo. Tiréfia.

Hierapetra, ou *Hierapytna*. Girapetra.

Hierapolis Syriæ. Alep.

Hierasus. Le Pruth.

Hierosolyma. Jérusalem.

Hillevîones. Peuples d'une partie de la Norwège méridionale.

Himera. Termini.

Hippo Calaber, ou *Hipponium*. Bivona.

Hippo Regius. Bone.

Hircania. Masanderan.

Hirminius. Le Maulo, *ou* Fiumé di Ragusa.

Hirpini. Peuples d'Italie, dans une partie du Principat.

Hispalis. Séville.

Hispania. L'Espagne.

Histri. L'Istrie.

Hoildis Fanum. Sainte Hou.

Hoium Condrusiorum. Hui, *ou* Hoci.

Holmetia. Le Houlme.

Holmia. Stocolm.

Hormensio. Armanson.

Hortanum Etruscum. Orti.

Hunnefiotum. Honfleur.

Hybla major. Paderno.

Hybla parva. Mélilli.

Hyccara. Canini.

Hydromelas. Le Noireau.

Hydruntum. Otrante.

Hydrussa. Le Tine.

Hypæa. L'Isle du Levant, *ou* du Titan.

Hyperorea. Tramontlassus.

Hypius. L'Anaplia.

Hyrcania. Les Hircaniens occupoient le Tabristan & l'Iérac. On en trouve même dans la Lidie.

I. J.

JACOBOLIS. Sant Jago.

Jacobolis Mocosæ. Jamestoune.

Jadera. Zara Vecchia.

Jætiæ. Jato.

Japidia. L'Istrie.

Japodes. Peuples d'Allemagne, dans les Etats d'Autriche, qui occupent une partie de la Carniole.

Jassii. Peuples de la Turquie Européane, dans une partie de la Valaquie, autour de Jassi.

Jasus. Askem Caléfi.

Jatinum Meldorum. Meaux.

Jatrippa Arabum. Médine.

Jaxartes. Le Sihun.
Jazyges. Peuples de la Turquie Européane, dans une partie de la Hongrie.
Jazygum Metanastarum. Agria.
Ibanum. Van, *ou* Erivan.
Iberia Asia, ou *Eoa*. La Géorgie.
Iberia Europea, ou *Occidua*. L'Espagne.
Iberni. Peuples d'une partie de l'Irlande.
Ibernia. L'Irlande.
Iberus. L'Ebre.
Icaria. Nicaria.
Jeauna. L'Ione.
Iceni. Peuples d'Angleterre, dans une partie de l'East-Anglie.
Ichara. Carec.
Ichnusa. La Sardaigne.
Ichthyoessa. Nicaria.
Iciacum. Issi.
Iciani. Icborou.
Iciodorus Arvernorum. Issoire.
Iconium. Cogni, *ou* Cougna.
Iculisma Agesinatum. Angoulême.
Idex. L'Idicé.
Idonea. L'Huigne.
Jecora. Le Jars, *ou* le Jéker.
Jenduria. Jendure.
Jerna. L'Irlande.
Jeta. Jato.
Igadita. Guardia.
Igilgili. Gigeri.
Igilium. Giglio.
Iguvium. Eugubio.
Ilargus. L'Iler.
Ilerda Athanagia. Lérida.
Ilergaones. Peuples d'Espagne, dans une partie de la Catalogne.
Ilergetes. Peuples d'Espagne, dans une partie de la Catalogne & de l'Aragon.
Ilienses. Peuples d'une partie de la Sardaigne.
Ilipa Ilia. Pégnaflor.
Ilipula Laus nova. Grenade.
Illa. L'Ille.
Illice, ou *Illici Contestanorum*. Elche.
Illurcis Vasconum. Agréda.
Ilva. Elba.
Ilumberi. Lumbier, *ou* Irumberri.
Ilurci Oretanorum. Llorca.
Iluro. Oleron.
Inarime. Ischia.
Incibili, ou *Indibile Ilergaonum*. San Matéo.
Indi. Ce nom a été donné aux Peuples de l'Indostan, de l'Ethiopie, & quelquefois même à ceux de la Colchide & de la Carie.
Indiciacus Arvernorum. Saint Flour.
Indigetes. Peuples d'Espagne, dans une partie de la Catalogne.
Indis. L'Ains.
Indus. Le Sind.
Indus. Riviére de Carie. *Voiez*, *Calbis*.
Industria Ligurum. Casal Saint Vas.
Ingena Abrincatum. Genets.
Inisa. L'Oise.
Insubres. Peuples d'Italie, dans la plus grande partie du Milanès.
Insula Aaronis. Saint Malo.
Insula Barbara. L'Isle Barbe.
Insula Batavorum. Le Betau.
Insula Camaria. La Camargue.
Insula Hecates major. Le grand Rématiari.

Insula Hecates minor. Le petit Rématiari.

Insula Herculis. La Scombréra.

Insula Herculis. Zavara.

Insula Rugiorum. Rugen.

Insula Serapidis. Masira.

Insulæ Ægathes. Favillana, Lévenza, & Marétamo, trois Isles proche de la Sicile, à la pointe du Val de Mazara.

Insulæ Æmodæ. Les Isles de Shétland & les Vesternes.

Insulæ Æolides. Les Isles de Lipari.

Insulæ Baleares. Les Isles Baléares.

Insulæ Britanides. Les Isles Britanniques.

Insulæ Cyaneæ. Les Isles, *ou* Rochers de Pavonare.

Insulæ Deorum. Les Isles de Baionne.

Insulæ Diomedeæ. Les Isles de Trémiti.

Insulæ Doraces. Les Isles du Cap Verd.

Insulæ Ebudæ, ou *Ebudes.* Les Ebudes.

Insulæ Fortunatæ. Les Isles Canaries.

Insulæ Gorgades. Les Isles du Cap Verd.

Insulæ Gymnasiæ. Les Isles Baléares.

Insulæ Hecates. Les Rématiaris.

Insulæ Ithacesiæ. Bracès, Praca, & Torricella, petites Isles de la Méditerranée, dans la Mer de Toscane, le long des côtes de la Calabre.

Insulæ Ligustides. Les Isles de Provence.

Insulæ Maniolæ. Les Isles Manilles, *ou* Philippines.

Insulæ Pontiæ. Les Isles de Ponza.

Insulæ Pammites. Les Rématiaris.

Insulæ Stæchades. Les Isles d'Hieres, *ou* les Isles d'Or.

Insulæ Symplegades. Les Isles, *ou* Rochers de Pavonare.

Insulæ Teutoniæ, ou *Teutonides.* Les Isles Danoises, dans la Mer Baltique, proche le Jutland.

Interamna, *Interamnis*, *Interamnium.* Antrain, Entrain, Entrames.

Interamna Arvernorum. Antragues, *ou* Entraigues.

Interamna Prætutianorum. Térano.

Interamnium Callæcorum Bracarum. Entre Douro & Minho.

Interamnium Celticorum. L'Alentéjo, *ou* entre Téjo & Guadiana.

Interaquium. Entragues, Antragues, Antraigues, Entraigues.

Jomanes. Gemma, *ou* Séména.

Jonia. Païs de la Turquie Asiatique, qui fait partie de la Natolie propre.

Joppe Phœnicum. Jaffa.

Jos. Nio.

Jovavis, ou *Jovavum Noricorum.* Salzbourg.

Jovavus. Le Salz.

Joviacum. Joui.

Joviacum Noricorum. Gémund.

Jovillare. Jovillier.

Joviniacum Senonum. Joigni.

Jovis Ara. Jouare.

Jovis Villa. Joinville.

Ipra Morinorum. Ipres.

Ire, ou *Iris.* L'Irlande.

Iria. Vaghéra.

Itia Flavia. Compostelle.
Iris. Le Casalmac.
Isala. L'Issel.
Isara. L'Oise. L'Isere. L'Iser.
Isarci. Peuples d'Allemagne, dans une partie de la Baviére.
Isargus. L'Iser.
Isarobriva. Pontoise.
Isca. L'Ex.
Isca Damnoniorum. Excester.
Isca Silurum. Caerlion.
Ischalis Belgarum Transductorum. Ilchester.
Isinisca Isarcorum. Munic.
Isla. Lille en Flandre.
Isrus. L'Arou.
Issedon Scythica. Cialis, Roiiaume.
Issedon Scythica. Cialis, Ville.
Issedon Serica. Campion.
Issedonia Serica. Le Roiiaume de Tangut.
Issus. Laiazo.
Istævones. Peuples d'une grande partie d'Allemagne.
Ister. Le Danube.
Isthmus Corinthiacus. L'Isthme de Coranto, *ou* d'Examilia.
Isthmus Posidicus. L'Isthme de Suès.
Isthmus Suecicus. L'Isthme de Maanselhe.
Isthmus Tauricus. L'Isthme de Pérécops.
Isti. Carabouſtas.
Istrogranum. Gran, *ou* Strigonie.
Italia. L'Italie.
Italica. Séville la Vieille.
Ithaca. Valcomparé.
Itula. L'Eden.
Judæa. Paiis de la Turquie Asiatique, qui fait partie de la Sourie.
Ivellus. L'Ill, en Angleterre.
Juhones. Peuples d'une partie de l'Allemagne, le long du Rhein.
Ivia. L'Iouvia.
Julia Augusta Barcino. Barcelone.
Julia Augusta Ligurum. Tortone.
Julia Cæsarea. Tenès.
Julia Celsa Ilergetum. Xelsa.
Julia Nassica Ilergetum. Loharre.
Julia Valentia Edetanorum. Valence, en Espagne.
Juliacum Ubiorum. Juliers.
Juliobona Caletum. Lillebone.
Juliobrica, ou *Juliobriga Cantabrorum.* Fuenté d'Ivéro.
Juliomagus Andegavorum. Angers.
Julis. Polis.
Juncaria Indigetum. Figuéras.
Junctura Galileenses. Saint Dié, *ou* les Jointures.
Juniperetum. Genevrai.
Junna. La Juine.
Ivonis tofta. Ivetot.
Jurassus. Le Mont Jura, *ou* le Mont Saint Claude.
Justiniana. Galata.
Justiniapolis. Bisane, Basane, *ou* Baibout.
Justinopolis. Cabo d'Istria.
Jus, au pluriel *Jures.* Voiez, *Jurassus.*
Juta. Le Jutland.
Juvavia Noricorum. Salsbourg.
Juverna. L'Irlande.

L.

LABERUS. Killair.
Labici. La Colonna.
Laboria. La Terre de Labour.

Lacædemon. Misitra.
Lacetani. Peuples d'Espagne, dans une partie de la Catalogne.
Laciacum Noricorum. Gémund.
Laconica. Paiis de la Turquie Européane, dans la Morée, qui fait partie du bras de Maino.
Lactodorum Catyeuchlanorum. Bedford.
Lactora ou *Lactura*. Létoure.
Lactorates. La Lomagne.
Lacus Acronius. Le Lac de Constance.
Lacus Amsanctus. Mufiti.
Lacus Anianus. Le Lac d'Agnano.
Lacus Ascanius. Le Chabangioul.
Lacus Benâcus. Le Lac de Garde.
Lacus Brigantinus. Le Lac de Constance.
Lacus Castilionis. Le Bourget.
Lacus Ceresius. Lago di Lugano.
Lacus Copais. Le Lac de Livadie, *ou* de Topoglia.
Lacus Felix Noricorum. Ober-Wels.
Lacus Fucinus. Lago di Célano.
Lacus Larius. Le Lac de Côme.
Lacus Mastramela. l'Etang de Martigues, *ou* de Berre.
Lacus Pantanus. Lago di Lésina.
Lacus Peiso, ou *Pelso*. Le Neusidler-Sée.
Lacus Prelius, ou *Prilis*. Lago di Castilioné.
Lacus Reatinus. Le Lac de Pié di Luco.
Lacus Regillus. Le Lac de Sainte Praxède.
Lacus Rubrensis, ou *Rubrosus*. L'embouchure de l'Aude, appellée la Robine, *ou* la Rubine.
Lacus Rubrensis. L'Etang de Bages, *ou* de Sigéan.
Lacus Sebinus, ou *Sevinus*. Le Lac d'Iséo.
Lacus Statoniensis. Lago di Mezzano.
Lacus Trasimenus. Le Lac de Pérouse.
Lacus Velinus. Le Lac de Riéti.
Lacus Verbanus. Le Lac majeur.
Lacydo, Voiez *Portus*.
Lægia, ou *Lœtia*. La Lis.
Læros. Le Léris
Lagenia. Le Leinster.
Lagusa Cardiotissa.
Laium. Laie.
Laletani. Peuples d'Espagne, dans une partie de la Catalogne.
Lametum. Maida.
Laminium. Montiel.
Lampetia. Amantia, *ou* Mantia.
Lampsacus. Lampsico.
Langobardi. Peuples qui occupoient le Mittelmarc & une partie du Duché de Magdebourg à la droite de l'Elbe.
Lantfridi curtis. Landecourt.
Laochonia Sylva. La Forêt de Bondi.
Laodicéa Caria, ou *Phrygia*. Eskihissar.
Laodicéa Syria maritima. Latakié.
Lapionia. La Laponie.
Lapurdum. Baionne.
Larga La Lergue, *ou* le Lierge.
Larinum Frentanorum. Larina.
Laschi. Luci.
Lasia. Metelin, Isle.
Latera. Le Château de Lates, & l'Etang de Lates.

Latini. Peuples d'Italie qui occupent une partie considérable de la Campagne de Rome & de la Terre de Labour.

Latiniacum Briegense. Lagni.

Latium Antiquum. Païis d'Italie, qui contient une grande partie de la campagne de Rome.

Latium novum. Païis d'Italie, qui fait partie de la terre de Labour.

Latona Oscarensium. Saint Jean de Lône.

Latovici. Peuples d'Allemagne dans une partie de l'Archiduché d'Autriche, *ou* de la Carniole.

Latrippa Arabum. Medine.

Latris. L'Isle d'Oesel.

Latus Mons. Leimont.

Lavanti Ostium, Voiez *Ostium.*

Lavantus. Le Lavammind.

Lavinium. Paterno.

Laurentum. San Laurenzo.

Lauriacum Noricorum. Lorch.

Laus Ilipula nova. Grenade.

Laus Julia. Coranto.

Laus Julia nova, ou *Laus nova Insubrum.* Lodi.

Laus Pompeia, ou *Laus vetus Insubrum.* Lodève.

Lausiacus. Loisei.

Lausona Helvetiorum. Lausane.

Laxovium. Lachou.

Ledia Germani. Saint Germain en Laie.

Ledia Sylva. La Forêt de Saint Germain en Laie.

Ledus. Le Lès.

Legia. Liége.

Legio Gemina. Leon.

Legio Mexicana. Leon de Nicaragua.

Lemaca, autrement *Lamacum*, ou *Lameca.* Lamégo.

Lemane (hæc vel hoc). La Limagne.

Lemincum Allobrogum. Lemens.

Lemnos. Stalimène.

Lemovîces. Le Limosin.

Lemovîces Armorici. Le Léonois.

Lemovii, ou *Heruli.* Anciens peuples Germains le long de la Mer Baltique, proche des Villes de Puutzke & Héel dans la Cassubie, & de Stolpe dans la Poméranie.

Lemunum Pictonum. Poitiers.

Lentia Noricorum. Lintz.

Lentium. Leitz.

Lentolietum. Nantouillet.

Lentolium. Lenteuil, Nanteuil.

Leodicum. Liége.

Leodo. Lions, *ou* Lons le Saunier.

Leona. Saint Paul de Léon.

Leones Velocassium. Lions.

Leonia Brachbantina. Leuve, Leow, *ou* Leau.

Leonica. Alcanis.

Leonicæ. Lorgues.

Leontopolis. Bisane, Basane, *ou* Baibout.

Leostenion. Istégna.

Leovardia. Leuvarden.

Lepontii. Les Grisons.

Leporarium. Gareune. Vareune.

Leporetum, ou *Lepretum.* Albret.

Leptis magna. Lebeda.

Lerina. L'Isle de Saint Honoré.

Lero. L'Isle de Sainte Marguerite.

Lertius. Le Lers.

Lesbos. Mételin, Isle.

Lesura. Le Leser.

Leucadia, ou *Leucas*. L'Isle de Sainte Maure.

Leucasia. Licosa.

Leuce. La Forteresse de Saint Théodore, *ou* l'Isle de Saint Odéro.

Leuci. Le Diocése de Toul.

Leuci Albimontenses. Le Blamontois.

Leuci Barrenses. Le Barrois.

Leuci Bassiniacenses. Le Bassigni Toulois.

Leuci Bedenses. La Voide, *ou* le Paiis de Béden.

Leuci Blesenses. Le Paiis de Blois.

Leuci Calvomontenses. Le Chaumontois.

Leuci Carmenses. Le Paiis de Carme.

Leuci Castrenses. Le Paiis de Châtel-la-Vaux.

Leuci Galileenses. Le Val de Saint Dié.

Leuci Habendenses. Le Paiis de Havend.

Leuci Mercurienses. Le Paiis de Mircour.

Leuci Odornenses. L'Ornais.

Leuci Portenses. Le Poitois Lorrain.

Leuci Salinenses. Le Saunois, *ou* Paiis de Salins.

Leuci Salnenses. Le Salmois, *ou* Comté de Salm.

Leuci Scarponenses. Le Scarponois.

Leuci Segontenses, ou *Sigentenses*. Le Saintois, *ou* Comté de Vaudémont.

Leuci Solecenses. Le Souloissois.

Leuci Tullenses. Le Toulois.

Leuci Vabrenses. La Voivre.

Leuci Vallenses. Le Paiis des Vaux.

Leuci Vermenses. Le Vermois.

Leucocrene. Le Vitouard.

Leucocyma, *atis*. Le Durdan.

Leuconaiis. Saint Valeri en Picardie.

Leucopelus. Guibrai, Vibraie.

Leucopetra. Capo dell'armi.

Leucophris. Ténédo.

Leucosia. Licosa, Samandraki.

Leucosia. Nicosie.

Leucothea. Licosa.

Levi. Peuples d'Italie dans une partie du Milanès, autour de Pavie.

Levitania, on *Levitanenses*. Le Lavedan.

Levafanum Batavorum. Lévendal.

Levoni. Peuples d'une partie de la Norwège méridionale.

Leuteva. Lodève.

Leuvecum. Camboje.

Lexobia nova. Tréguier.

Lexovii. Le Lieuvin.

Lexovii Auximenses. L'Hiêmois.

Lexovii Pratenses. Le Paiis d'Auge.

Lexovii Uticenses. L'Ouche, Paiis.

Leziniacum. Lusignan.

Liberalitas Julia. Lisbonne.

Liberalitas Julia Celticorum. Evora.

Liberiacum Alnetense. Livri en Aunoi.

Liberum Donum. Libdo.

Liburni. Les Croates, dans la Turquie Européane.

Liburnum Vibiscorum. Voiez, *Condate Lillæ*.

Libyci. Peuples d'Italie, dans une petite partie du Piémont.

Libyssa. Diacibisa.

Licates. Peuples d'Allemagne, dans la Vindélicie, qui occupent

cupent une partie de la Souabe.

Licus, ou *Lichus*. Le Lec.

Lidericobriva. Briovalai.

Lidericus. Le Loir.

Liger. La Loire.

Ligerinus. Le Loiret.

Ligures, ou *Liguria*. L'Etat de Gènes, le Mont-Ferrat, quelque partie du Milanès, & presque toute la Provence.

Ligures Capillati. Peuples des Territoires de Sénès, de Cimiès, & de Vence, dans la Provence orientale.

Ligures Itali. L'Etat de Gènes, le Mont-Ferrat, & quelque partie du Milanès, & du Piémont.

Ligures Salyes, ou *Saluvii*. La Provence.

Lilibæum. Marsalla.

Limagus. Le Limat.

Limiosalcum. Gnesne.

Limiryce. Le Malabar.

Limnothalatta. Orbitello.

Limonia. Eu.

Lincium. Ligni, *ou* Linei.

Lindemacus. Le Limat.

Lindum Coritanorum. Lincoln.

Lingæ. Le Comté de Lusace.

Lingones Aballenses. L'Avalonois.

Lingones Aborigines. Peuples de France, dans une partie de la Champagne & du Duché de Bourgogne.

Lingones Alesienses. L'Auxois.

Lingones Barrenses. Le Barrois Bourguignon, *ou* le Comté de Bar.

Lingones Divionenses. Le Dijonois.

Lingones Dusmenses. Le Duêmois.

Lingones Montani. La Montagne.

Lingones Transducti. Peuples d'Italie, dans une partie du Bolonois.

Lipara. Lipari.

Liquentia. Le Livenza.

Liris. Le Garigliano.

Lissus. Alessio.

Liternum. L'Agno.

Littamum Rhætorum. Lutac.

Lixos. L'Arache.

Lixos. Le Loucous.

Loa. Loet.

Lobetum. Albarasin.

Locoficus. Lifou.

Locoiacum. Ligugé.

Locoritum. Forchaim.

Locri. Peuples de la Turquie Européane, dans une partie de la Livadie.

Lona. La Lône.

Loncium Noricorum. Lintz.

Londinium Sylvestre. Londonderi.

Londinium Trinobantum. Londres.

Longa tosta. Languetot.

Longavilla. Longbu.

Longiledus. Lonlé.

Lopadion. Loubat.

Lopadusa. Lampédosa.

Losdunum. Loudun.

Lotharienses, *Lotharii*, ou *Lotharingi*. La Lorraine.

Lotophagi. Peuples d'Afrique, en Barbarie, qui occupent une partie du Roiiaume de Tripoli.

Lotophagites. Gerbi, *ou* l'Isle des Gerbes.

Lovonum, ou *Lovonium*. Louvain.

Lucania. Paiis d'Italie, qui contient une grande partie du Basilicat & du Principat.

Lucca, ou *Lucaca*. Loches.

Lucentia, ou *Lucentum Contestanorum*. Alicante.
Luceria. Lucéra delli Pagani.
Luciacus. Lucci.
Luciaria. Lucerne.
Luciopolis. Luçon.
Lucosfaüs. Lifou.
Lucus Angitiæ. Luco.
Lucus Asturum. Oviédo.
Lucus Augusti. Lugo.
Lucus novus Augusti. Luc.
Lucus Frigidus. Boscole.
Luda. Lugde.
Ludoviciana. La Louisiâne.
Lugdunensis Secunda. La Normandie.
Lugdunum Æduorum, ou *Segusianorum*. Lion.
Lugdunum Batavorum. Leide.
Lugdunum Clavatum. Laôn.
Lugdunum novum Convenarum. Saint Bertrand de Cominges.
Luguvallum Brigantum. Carlile.
Luiga. Liege.
Lullia Ambianorum. Argoules.
Lumberium, ou *Lumbarium*. Lombès.
Lunaris Villa. Lunéville.
Lunna, ou *Ludna*. Belleville, en Beaujolois.
Lupa. Le Louain.
Lupaniciacum. Louvagni. Louvenci.
Lupara. Louvre.
Luparia. Louviers.
Lupi Mons. Laumont.
Lupianum. Loupian.
Lupiciacum. Louvois.
Lupiniacum. Louvigni.
Lupodunum Cattorum. Ladenbourg.
Luppia. La Lippe.
Luppia. Lipstad.
Lupus. Le Tosanlu.
Lusciliburgus. Luxembourg.
Lusitani. Peuples d'Espagne, dans la plus grande partie du Portugal.
Lutetia Parisiorum. Paris.
Lutomagus. Brimeu.
Lutosa. La Lose.
Lutosa Nerviorum. Leuse en Hainaut.
Lutosa tosta. Brêtot.
Luva, ou *Luvia*. Le Paiis de Franchimont.
Luxia. L'Odier.
Luzici. La Lusace.
Lycaonia. Paiis de la Turquie Asiatique, dans la Natolie, qui fait partie de l'Aladuli.
Lycostomos. Quéli.
Lycus. Le Barbisès.
Lycus, ou *Rhyndacus*. Petite Riviére de la Natolie propre, qui sort du Lac d'Abouillona, & passe à Loubat, une lieue au-dessous.
Lydia. Paiis de la Turquie Asiatique, dans une partie de la Natolie propre.
Lygii, *Arii*, *Helvecones*, *Manimi*, *Elysii Naharvali*. Anciens Peuples de Pologne, qui s'étendoient entre la Varta & la Vistule, depuis Vladislau jusqu'à Cracovie.
Lygos. Constantinople.

M.

MACÆI. Peuples d'Afrique, en Barbarie, qui occupent une partie du Roiiaume de Tripoli.
Macaranda. Samarcand.
Macaria. Cypre.
Macaros. Candie.
Maceriæ Lexoviæ. Messieres.

Maceria Segintenses. Maisieres en Saintois.
Macra. La Magra.
Macris, ou *Maconesus.* Macronisi.
Macusa, ou *Mecusa.* Macheren.
Madanina. La Martinique.
Madonia. Le Madon.
Madriacellum. Meriel.
Madriacensis Pagus. Voiez, *Carnutes Madriacenses.*
Madriacum. Méri.
Mænace Mastienorum. Vélès Malaga.
Mænaria. Mallorca, *ou* Méloria.
Mævania. Bévania, *ou* Bévagna.
Magdera. Madiere.
Magdunum Carnutum. Meun sur Loire.
Magdunum Cuborum. Meun sur l'Ieure.
Magia Rhætorum. Méienfeld.
Magnesia ad Mæandrum. Guset-lissar.
Magniavilla. Moigneville.
Mago. Le Port Mahon.
Mala tosta. Maltot.
Malaca. Malgue.
Maleos. Mula.
Maleventum. Benevent.
Maliapura. Méliapor.
Malinæ. Malines.
Malliacum. Mailli. Marli. Maillé.
Malvagia. Mauvage.
Malum Nucetum. Malenoue.
Malus pastus. Maurepas.
Mamertini. Les Messinois.
Mamortha. Naplouse.
Manaritium. Maurich.
Manarmanis Portus. Voiez, *Portus.*
Mancunium Brigantum. Manchester, Ville.
Mandeles. Mandre.
Mandrapolis Mysiæ. Mandragoia.
Mandubii. Le Diocèse d'Alais.
Manduessedum Cornaviorum. Manchester, Village.
Mangascia. Tasofilat.
Manico Curtis. Manoncourt.
Manile. Le Ménil.
Manile Turritum. Ménil-la-Tour.
Maniletum. Ménilet.
Manilivilla. Ménilbu.
Manius. Voiez, *L[illegible]ii.*
Maniolæ. Voiez, *Insulæ.*
Mansio. Ham. Le Homme. Le Mas.
Mansiuncella. Maisoncelle.
Mansiuncula. Le Hamel. Le Hommeau. Le Hommel. Le Hommet. Maisi. Maiset. Masi.
Mansus Asilli. Voiez, *Asilum.*
Mantini. L'Isle de Corse.
Ma[illegible]um, ou *Manuvium Tungrorum.* Namur.
Manu[illegible]a. Manosque.
Marala. Maras.
Marano. Le Maragnon, *ou* la Riviére des Amazones.
Marca Bituricensis. La Marche.
Marca Lemovicensis. La Marche Limosine.
Marca Pictaviensis. La Marche Poitevine.
Marca Sagiensis. Les Marches Normandes, *ou* la Campagne d'Alençon.
Marcelliacum Tricassium. Marcilli.
Marcellianum. Marceillan.
Marcianopolis. Preslau.
Marcina Picena. [illegible]eri.
Marcodurum, ou *Marcomagus Ubiorum.* Duren.
Marcomâni. Voiez, *Boii.*
Marcopolis. Virsbourg.

Mare Ægeum. L'Archipel de la Méditerranée.

Mare Almachicum. La Mer Glaciale, au Nord de la grande Tartarie.

Mare Caspium. La Mer Caspienne, *autrement*, la Mer de Bacu, *ou* de Sala.

Mare Cronium. La Mer Glaciale, au Septentrion de la Norwège, de la Suède, & de la Moſcovie.

Mare Erythræum. Le Golfe Arabique, *ou* la Mer des Indes.

Mare Gronium. La Mer Glaciale, au Septentrion de la Norwège, de la Suède, & de la Moſcovie.

Mare Hadriacum, autrement *Hadrianum*, *Hadriaticum*, ou *Superum*. Le Golfe de Veniſe.

Margiana. La Gorgiane.

Margidunum Coritanorum. Margedoverton.

Maridunum Demetum. Caermardin.

Mariæ Villa. Marbeuf.

Mariani Montes. Las Aréas Gordas.

Marianum Solecenſe. Bourg Sainte Marie.

Marilogium. Maruéjols.

Marinellus. La Sève, *ou* la Sèvre.

Marionis. Hambourg, *ou* Lunebourg.

Marionis Altera. Lubec.

Mariſus. Le Marocs.

Maritima Colonia Anatiliorum. Martigues.

Maritima Colonia Avaticorum. Marignane.

Marobudum Marcomanorum. Prague.

Maroialum. Mareuil. Maroles.

Maronéa. Marogna.

Marraba. La Mecque.

Marrucini. Le Roiiaume de Maroc.

Marrucini. Peuples d'Italie, dans une partie de l'Abruſſe.

Marſaci, ou *Marſatii*. Anciens Peuples de Germanie, qui faiſoient partie des Marſes, & qui reſterent dans le Vélau ſeptentrional, quand les autres changerent de Paiis avec les Bructeres.

Marſallum. Malſal.

Marſi. Anciens Peuples de Germanie, qui occupoient d'abord le Vélau, entre Vic-Durſtède & le Fort de Skenk, le long de la rive ſeptentrionale du Rhein, & changerent enſuite avec les Bructéres, qui leur céderent le Paiis qui eſt entre Munſter & Paderborn, dans la Weſtphalie.

Marſi. Peuples d'Italie, dans une partie de l'Abruſſe.

Marſicum Abellinatium. Marſico.

Marſingi. Anciens Peuples de Siléſie, dans le Paiis où ſont les Villes de Lignitz, de Suveinitz, de Neiſſe, & de Breſlau.

Martia Turris. Malatour.

Martianum. Le Marſan.

Martis Ara. Marat.

Martis Burgus. Voiez, *Burgus*.

Martis Caſtra. Voiez, *Caſtra*.

Martis Fanum. Voiez, *Fanum*.

Martis Mons. Voiez, *Mons*.

Martis Sonus. Maillon.

Marus. Le March, *ou* la Morave.

Masburgi. Burgos.
Massilia nova Commonorum, ou *Phocæorum.* Marseille.
Mastramela Lacus. Voiez, *Lacus.*
Mateola. Matéra.
Mathomum Viducassium. Mathieu.
Matilica Umbrorum. Matélica.
Matisco Æduorum. Mâcon.
Matium. Candie, Ville.
Matreium Rhætorum. Matrai.
Matrona. La Marne.
Mattiaci. Peuples qui occupoient toute la Vétéravie, & quelque peu de la Hesse.
Mattium. Marpurg.
Mauripensis Pagus. Le Hurepois.
Maxentiopolis Pictonum. Saint Maixent en Poitou.
Maxima Sequanorum. Voiez, *Sequani.*
Mazaca Cæsarea. Sarmusada.
Mazaca Cappadocum. Késaria.
Mazaronesus. Candie, Isle.
Mearus. Rio Méro.
Medenantum. Le Mélantois.
Media. L'Iérac-Agémi, & le Kilan, Provinces de Perse.
Mediana. Portecros.
Medianum Monasterium. Moienmoutier.
Medioburgium Toxandrorum. Middelbourg en Zélande.
Mediolanum Biturigum. Meun sur Ièvre.
Mediolanum Eburovicum. Evreux.
Mediolanum Gugernorum. Moiland.
Mediolanum Insubrum. Milan.
Mediolanum Santonum. Saintes.
Mediolanum Saxonum. Munster.
Mediolanum Toxandrorum. Middelbourg.
Mediolarium Frisiorum. Midlaren.
Mediomatrices Tribocchi. L'Alsace septentrionale.
Mediomatrici. La Mosellane.
Mediomatrici, ou *Mediomatrices.* Le Paiis Messin, l'Alsace septentrionale, & les Paiis de Maience, de Vormes & de Spire.
Mediomatrici Nemetes. Le Paiis de Spire.
Mediomatrici Nitenses. Le Nitois.
Mediomatrici Vangiones. Le Paiis de Maience & de Vormes.
Mediovicus. Moïenvic.
Medo. Meudon.
Medoacus minor. Le Bachiglioné.
Meduana. La Maine.
Meduana. Maiène.
Meduli. Le Paiis de Médoc.
Medullio. Meusillon.
Megalopolis. Léondari.
Megalopotamia. Rio-grandé.
Megara. Megra.
Megara Sicula. Mélilli.
Megaris. Paiis de la Turquie Européane, qui fait partie de la Livadie.
Mela Pentrorum. Molisse.
Meldi. Le Mulcien.
Meldi Brigenses. Partie de la Brie Champenoise, où sont Créci, Coulommiers, la Ferté-Gaucher, Jouare, la Ferté Sous-Jouare.
Meles. Ruisseau de Smirne.
Melgorium. Mauguio, *ou* Melguel.
Melibocus Cheruscorum. Le Mont Haartz.

Melibœa. Policaſtro.
Melita Dalmatica. Méléda.
Melita Thracica. Samandraqui.
Melite Sicula. Malte.
Mellaria. Milarèſe.
Mellentum Velocaſſium. Meulan.
Melodunum Senonum. Melun.
Melos. Milo.
Melpes, ou *Melpis*. La Melpa, *ou* la Melfa.
Moltis. Méantis.
Membliaros. Nanfio.
Memini. Peuples de France en Provence, aux environs de Carpentras.
Memini Vendaſcenſes. Le Comtat Venaiſſin.
Memphis nova. Le grand Caire.
Menana. Ménéo.
Menapii. Le Velau.
Menavia. Saint Davids.
Meninx. Gerbi.
Menlaria Conteſtanorum. Murcie.
Menſua. Voiez, *Meſua*.
Menuthias. Madagaſcar.
Mercurii curtis. Mircourt.
Mergisburgum. Erford.
Merinum Apulum. Vieſte.
Merogea. Le Teil.
Meropia, ou *Merope*. Sifanto.
Merula. L'Aroce.
Meſambolos. L'Egypte.
Meſe. Portecroz.
Meſolia. Les Roiiaumes de Golconde, & d'Orixan, dans l'Inde occidentale.
Meſorca. Tramontemmi.
Meſpiletum. La Mêliere, la Méleraie, la Mailleraie, la Mileraie, le Melleraut.
Meſſana. Meſſine.
Meſſana Calvomontenſis. Meſſin.
Meſſapia. Paiis d'Italie, qui contient la plus grande partie de la Terre d'Otrante.
Meſſene. Chader.
Meſua. La Preſqu'Iſle de Sette.
Meſua. Mèſe.
Meſvium Saxonum. Magdebourg.
Metallinum Luſitanorum. Médelin, *ou* Médélino.
Metanaſtæ. Peuples de la Turquie Européane, dans la Hongrie, au territoire d'Agria.
Metapontum. Torré di marré.
Metaurus. Le Marro, *ou* le Métro.
Metellopolis Plinii. Loubat, Lopadi, *ou* Ulubat.
Methône. Modon.
Methymna Arabum. Médine.
Metina. L'Anguillare, *ou* l'Anguillade.
Metita. Maraz.
Metulum. Metling.
Mexicum Aquenſe. L'Ahuaca.
Micone. Micouli, *ou* Micone.
Miletus. Palatſchia.
Militia Cæſaris. Milanzai.
Mimas. Montagne de la Natolie occidentale, dans la Preſqu'Iſle *Myonneſus*.
Mimate Gabalorum. Mende.
Minderia Carmenſis. Mandre aux quatre tours.
Mindon, ou *Mindonia*. Mondognédo.
Minerva Villa. Minorvile.
Minervium. Caſtro.
Miningroda Saxonum. Munſter.
Minio. Il Mignoné.
Minnidunum Helvetiorum. Milden, *ou* Mouldon.
Minoa nova. Mirabeau, *ou* Mirabel.
Minos. Paros, *ou* Paris.
Minturnæ. Le Barca del Carigliano.

Minutium. Bologne, Village de la Banlieue de Paris.
Mirapicum, ou *Mirapica*. Mirepoix.
Miravallis. Mureaux.
Mirebellum. Mirebeau.
Mirobrica Turdulorum. Villa de Capilla.
Misus. La Nigola.
Mocosa. La Virginie.
Modicia Insubrum. Mozza.
Modunum. Meudon.
Modura. Maduré.
Mæris. Le Buchiara.
Mæsia. La Servie & la Bulgarie.
Moguntiacum. Maience.
Moguntiacum Insubrum. Mozza.
Moles Amstelia. Amsterdam.
Moles Hadriani. Le Château Saint-Ange.
Moles Municia. Municdam.
Moles Roteria. Roterdam.
Molo. Le Moulon.
Momonia. Le Munster.
Mona Austrina, ou *Mona Taciti*. Anglesei.
Mona Borea, ou *Mona Cæsaris*. Man.
Monasteriolum Ambianorum. Montreuil.
Monasteriolum Berlaii. Montreuil-Bellai.
Monasteriolum Lexoviorum. Montreuil l'Argile.
Monasteriolum Senonum. Montereau-Faut-Ionne.
Monasterium Arremari. Montiers-Ramei.
Monasterium ad Saltum. Montiers sur Saux.
Monasterium Salyum. Moutiers en Provence.
Monasterium Villare. Montiviliers.
Mononis Villa. Mononville.
Mons altus Tectosagum. Montaut.
Mons Argi, ou *Mons Argisus*. Montargis.
Mons Aureolus novus. Montauban.
Mons Brisarius. Brisac.
Mons Brisonis. Mont-Brison.
Mons Budelli. La Membrole.
Mons Caius. Le Moncaio.
Mons Cælius Licatium. Voiez, *Cælius*.
Mons Castrilucius. Mons en Hainaut.
Mons Catius. Calenberg.
Mons Cebenna. Les Cévennes.
Mons Dictynnæus. Le Cap de Spada.
Mons Draconis. Mont-Dragon.
Mons Dublelli. Mondoubleau.
Mons Feretrus. San Léo.
Mons Graius. Le petit Saint Bernard.
Mons Johannis. Montéjan.
Mons Jovius. Le Mont Joui, le grand Saint Bernard.
Mons Juberus. Le Mont de la Fourche.
Mons Letherici. Montléri.
Mons Luelli. Mont-Luel.
Mons Martianus. Le Mont de Marsan.
Mons Martis, ou *Mercurii*. Montmarte.
Mons Maurellus. Mommorel.
Mons Morillionis. Mommorillon.
Mons Myrtilorum. Heidelberg.
Mons Noricorum. Nuremberg.
Mons Penninus, ou *Mons Jovis*. Le grand Saint Bernard.
Mons Pessulanus, ou *Pelerius*. Montpellier.

Mons Petrosus. Monpérou.
Mons planus Arvernorum. Saint Flour.
Mons Quirinalis. Monté Cavallo.
Mons Regalis Arabum. Crac.
Mons relaxus Osismiorum. Morlais.
Mons Renelli. Montreneau.
Mons Rhysadius. Sierra Liona.
Mons rigidulus, ou *reductus*. Montredon.
Mons Ripensis. Gertrudemberg.
Mons rotundus. Romont.
Mons Salvius. Mont Salvi.
Mons Sempronius. Partie des Alpes, qui sont entre la Suisse & le Milanès.
Mons Setius. Sette, Presqu'Isle du Languedoc, qui s'étend jusques à Agde & l'Isle de Breicou.
Mons Silicis Venetorum. Moncélèse.
Mons Taurus. Les Alpes entre la Baviere, le Tirol, & la Carinthie.
Mons Vinosus. Mont-le-Vignoble.
Mons Vocetius. Le Mont Bozen, *ou* Bosberg.
Montaniacum. Montignac.
Montelium Adhemari. Montelimar.
Montelium Cæpionis. Chipiona.
Montes albi. Montagnes de la Sfachia.
Montes Ceraunii. Les Monts de la Chimere, *ou* du Diable.
Montes Rhamnici, ou *Rhymnici*. Alatof, Olotief, *ou* Ancœtoa.
Monticelli fanum. Moncel.
Montionipons. Pont-à-Mousson.
Morbium Brigantum. Moresbi.
Morimarusa. La Mer de Norwège, depuis le Sund jusqu'au Nord-Cap.
Morini. Peuples d'une partie de la Picardie en France, & des Païis-Bas en Allemagne.
Moritania, ou *Moritonia*. Mortagne en Perche.
Moritolium Abricantuorum. Mortain.
Morlacum. Morlai.
Morlinga. Morange.
Morstorpitum Ottadinorum. Morpet, *ou* Morpit.
Mosa. La Meuse, Riviére & Château. Meuvi.
Moschi. La Géorgie.
Mosomagus Remorum. Mouson.
Mosuna. Le Mouson.
Mathône. Modon.
Motyca. Modica.
Motycanus. Le Xicli.
Mulcedonum. Mucidan.
Munda. Mondégo.
Municipium Flandrense. Bruges.
Munimentum Corbulonis. Groningue.
Munita Tofta. Garnetot.
Murellum Convenarum. Muret.
Murgi. Almaçaran.
Murgis. Muxacra.
Muritum, ou *Murittum*. Moret.
Mursa. Essec.
Murta. La Meurte.
Murtana. La Mortagne.
Musopalle. Visapor.
Mutenum Pannoniorum. Muson.
Mutilum. Médolo.
Mutina. Modène.
Mutistratus. Mistretta.
Mutonis Villa. Moutret.

Mutyee. Modica.
Myara. L'Egypte.
Mycale. La Montagne de Samſon.
Mycenæ. Charia.
Mylæ. Milazzo, *ou* Mélazzo, en Sicile.
Mylæ & Coricæ. Les Iſles des Grabuſes.
Mylaza. Mélazzo, en Turquie.
Myonneſus. Preſqu'Iſle de la Natolie occidentale entre Smirne & Ephèſe.
Myra. Strumita.
Myriandros. Candélona.
Myrtili. Le Palatinat du Rhein.
Myrtilis. Mertola.
Myſia. Partie de la Natolie propre, dans la Turquie Aſiatique.
Mytilene. Mételin, Iſle.
Mytilene. Caſtro.

N.

N*ABATHEA.* L'Arabie pierreuſe.
Nagnatæ. Peuples d'une partie de l'Irlande.
Naiſſus. Niſſa.
Namnetes. Le Comté Nantois, au Nord de la Loire.
Namnetes Ratiatenſes. Le Duché de Rets.
Namucum Tungrorum. Namur.
Nanceium, ou *Nancum.* Nanci.
Nanſitum. Le grand Nançoi.
Nantoilum. Nanteuil.
Nantuadum, ou *Nantuacum.* Nantua.
Nantuâtes. Une partie du Chablais, dans la Savoie.
Napûca Jazigum. Clauſembourg.
Nar. Le Néra.
NarboMartius Atacinorum. Narbonne.
Narbonenſis prima. Le Languedoc.
Narbonenſis ſecunda. La Provence.
Narbonenſis tertia. Le Dauphiné.
Narbonenſis quarta. La Tarentaiſe.
Narbonenſis quinta. Le Piémont.
Nariſci. Peuples d'Allemagne, dans le Palatinat de Baviére, à la droite du Danube, à l'oppoſite de Ratisbonne.
Narnia Umbrorum. Narni.
Narona. Narenta.
Naſabatus. Rio-major.
Naſamones. Peuples d'Afrique, dans une partie du Sara.
Naſium Barrenſe. Nas.
Nava. Le Nahe, *ou* Die-Nah.
Navia Bleſenſis. Nèves.
Naulochos. Smirne.
Naupactum Ætolorum. Lépante.
Nauplia. Napoli, *ou* Napli de Romanie.
Nauportum Tauriſcorum. Laubac.
Naxinſcum. Scau.
Naxos, Naxie.
Neapolis. Naples.
Neapolis Flavia. Naplouſe.
Neapolis magna. Neugard, *ou* Novogorod la grande.
Neapolis Mileſiorum. Scala-nova, *ou* Couſada.
Neapolis Noricorum. Neuſtat.
Neapolis Oea. Tripoli.
Neapolis Sarmatarum. Neugard, *ou* Novogorod.
Neapolis Scytharum. Neugard, *ou* Novogorod de Séverie.

Neapolis Venedorum. Neugard, *ou* Novogorod de Lituanie.
Nebrissa Veneria. Lébrixa.
Nebrodes. Madonia.
Neivillium. Neuilli.
Nemausus. Le Vitre.
Nemausus Arecomicorum. Nîmes.
Nemesa. Le Nims.
Nemétes. Le Paiis de Spire.
Nemetodorum. Nanterre.
Nemoracum Vastinense. Nemours.
Neo-Cæsarea. Nicsara.
Neodunum. Dol.
Neodunum Helvetiorum. Nion.
Neodunum Pannoniorum. Gurcfeld.
Neomagus Nemêtum. Spire.
Neomagus Treverorum. Numagen.
Neomagus Vadicassium. Châlons sur Marne.
Neopatria. Patras.
Nequinum Umbrorum. Narni.
Neretum Calabrum. Nardo.
Nergobriga Celtiberorum. Ricla.
Neritum Calabrum. Nardo.
Neronia. Ardachat.
Nervia Trajana. Busseret.
Nervii. La plus grande partie de la Flandre, avec le Hainaut, depuis Maubert-Fontaine jusqu'à Namur, Condé, Cambrai, & Cateau Cambresis.
Nervii Flandrenses. La Flandre, pour la plus grande partie.
Nervii Hagionenses. Le Hainaut.
Nersa. Le Niers.
Nerusii. La Viguerie, *ou* territoire de Vence, en Provence.
Nesis. Nésida.
Nesocale. L'Isle-belle.
Nestus. La Nêle, *ou* la Neste.
Netum. Noto.
Neustria. La Normandie.
Nicæa. Isnic.
Nicæa Massiliensium. Nice.
Nicasia. Raclia.
Nicer. Le Nècre.
Nicomedia. Isnimigid.
Nicopolis Avarum. Nigéboli.
Nicopolis ad Bosporum. Candilbachési.
Nigir. Le Niger.
Nigra. Le Nerre.
Nigra aqua. Le Noireau.
Nigrum Palatium. Negrepélice.
Nilus. Le Nil.
Ningum Histrorum. Humago.
Ninive, ou *Ninus nova.* Mosul.
Nisibis. Nésibin.
Nita major, ou *inferior*, ou *Germanicus.* Le grand Nid, *ou* le Nid Allemand.
Nita minor, ou *superior*, ou *Gallicus.* Le petit Nid, *ou* le Nid François.
Nitiobriges. L'Agénois & le Condomois.
Nitiobriges campestres. Le Condomois.
Nitiobriges ripenses, ou *Antobroges.* L'Agénois.
Nivaria. Ténérife.
Niveris. La Niévre.
Noæ. Noara.
Nodulfum. Neuflotte.
Nomentum Sabinorum. Lamentana Vecchia.
Noniantus. Void.
Nonymna. Nauni.
Norba Cæsarea. Alcantara.
Norba Volscorum. Norma.
Norcia. Saint Weith.
Norici. Peuples d'Allemagne,

qui occupent la Baviére depuis l'Inn, presque tout l'Archiduché d'Autriche, toute la Stirie, & toute la Carinthie.

Noricum campestre. Paiis d'Allemagne, qui occupe une partie de la Baviére, de la Carniole, & de la Carinthie.

Noricum Ripense. L'Autriche.

Normania nova, ou *Gallica.* La Normandie.

Normania vetus, ou *Suconum.* La Norwège.

Novempopulania. La Gascogne.

Novesium Ubiorum. Nuis.

Novientum. Noviant.

Novigella. Nivelle.

Novigentum, ou *Novientum Clodoaldi.* Saint Cloud.

Novigentum Rotrodi. Nogent-le-Rotrou.

Noviomagus. Neuchâteau.

Noviodunum Æduorum. Nevers.

Noviodunum Carnutum. Nouan le Fuselier.

Noviodunum Diablintum. Jublains.

Noviodunum Suessionum. Soissons.

Noviomagus Allobrogum. Anneci.

Noviomagus Batavorum. Nimégue.

Noviomagus Tricastinorum. Saint Paul-Trois-Châteaux.

Noviomagus Velocassium. Noion sur Andelle.

Noviomagus Veromanduorum. Noion, en Vermandois.

Novo Vicus. Neuvi.

Novus vicus Paludosus. Neuvi le Pailloux.

Nubæ. Peuples d'Afrique, dans le Roiiaume de Sennar.

Nucalia. Noaille.

Nucaliacum. Neuilli.

Nucalianum. Neuillan.

Nucaretum. Norré. Noroi. Nogaret.

Nucaria. La Norrie.

Nucaria Palliarensis. La Norguéra Palléresa.

Nucaria Ripacurtia. La Noguéra Ribagorsana.

Nucaro. Norron.

Nucella. Noielle.

Nuceria. Lucéra, *ou* Luzara.

Nuceria Alphaterna. Nocéra de la Campagne de Rome.

Nuceria Camellana. Nocéra d'Ombrie.

Nucetulum. Noisiel. Noiseau.

Nucetum. Noisi. Noci. Nosai. Nocci.

Nuithones. Anciens peuples à la gauche de l'Oder, aux environs de Templin, dans le Marquisat de Brandebourg & de Gartz, dans la Poméranie.

Numana. Humana.

Numantia nova. Soria.

Numantia vetus. Puenté Garay.

Numeniacum. Noméni.

Numistro Bruttiorum. Clocento.

Nursia Sabinorum. Norcia.

Nymphæa. Lango, *ou* Stingo.

Nymphaus. La Nimpa.

O.

O*BLINCUM Cuborum.* Le Blanc, en Berri.

Obringa. L'Aar.

Obris. L'Orbe.

Obulco Pontificense. Porcugna.

Ocelus. Exiles.

Océtis. Isle, l'une des Vesternes.

Ocilis Bastitanorum. Orihuéla.

Ocriculum. Otricoli.

Octodurus novus Veragrorum. Martigni, *ou* Martignac.

Octogesa Ilergetum. Méquinensa.

Odera. L'Oder. L'Audet.

Odessus Milesiorum. Varna.

Odorna Leucensis. L'Ornès, Riviére.

Odorna Virodunensis. L'Orne.

Odrysæ. La Romanie.

Oea. Tripoli.

Oeaso Vasconum. Oiarso.

Oenoe. Sikino.

Oenotria. L'Italie.

Offonis Villa Portensis. Aufonville, en Portois.

Ogæ. La Hougue.

Oglasa. Monté Christo.

Ogygia. L'Egypte.

Ogyris. Mazira.

Oia. L'Isle d'Ieu.

Olario. L'Isle d'Oleron.

Olarso Vasconum. Oiarso.

Olcinium, ou *Olchinium.* Dulcigno.

Olearos, ou *Oliaros.* Antiparos.

Olena, ou *Olina.* L'Orne.

Olinda. Fernambuco.

Olino. Holé.

Olisipo. Lisbonne.

Olitis, ou *Oltis.* Le Lot.

Olona. Olone, *ou* les Sables d'Olone.

Omenogara. Hamédanagar.

Omenogaria. Le Décan, Roiiaume.

Onisia. Cfonisi.

Onoba Æstuaria. Gibraléon.

Onoldium. Aunoux.

Ophir. Sophala, Roiiaume.

Ophiussa. Le Tine.

Ophiusa. Rhodes.

Oppidum Batavorum. Batembourg.

Oppidum Deciatum. Biot, *ou* Villeneuve.

Oppidum Leontini. Lentini.

Oppidum Pesargadarum. Passa.

Oppidum Sontiatum. Le Mas.

Opitergium Venetorum. Oderso.

Ora Dives. Costa-Rica.

Oratorium. Ouradour. Osoir. Oroer.

Orbis. L'Orbe.

Orcadæ. Ourches.

Orcades. Les Orcades, *ou* les Isles d'Orcnes.

Orcelis Bastitanorum. Orihuéla.

Ordovices. Peuples d'Angleterre, dans une partie du Paiis de Galles.

Oresta, ou *Orestias.* Andrinople.

Oretani. Peuples d'Espagne, dans une partie de la nouvelle Castille.

Organa. Mazira.

Orgasi. Les Calmoucs.

Orgella. Urgel.

Origiacum Atrebatum. Le vieux Arras, *ou* la Cité.

Orobris. L'Orbe.

Orolaunum. Arlon.

Orontes. L'Assi.

Ortygia. La grande Sdile. Aiasaloue.

Orxantes. Le Sihun.

Oscara. L'Oûche.

Oscarenses. Petit canton de la Bourgogne, entre l'Ouche, la Tille, & la Sône.

Oscela Lepontiorum. Domo d'Oscéla, *ou* Osula.

Osera. L'Oserin.

Osi. Peuples, vers la source de la Vistule, dans le Paiis

où ſont les Villes de Ratibor & d'Oppelen en Silèſie, & d'Olſztin en Pologne.

Oſicerda Ilercaonum. Xerta.

Oſiſmii. La partie orientale du Diocèſe de Saint Paul de Léon, en Bretagne, & le Diocèſe de Tréguier.

Oſſida. L'Oſſe.

Oſſidates, ou *Oſquidates.* Peuples de Gaſcogne entre l'Oſſe, le Gers, & la Caronne.

Oſſidates Campeſtres. Peuples de Gaſcogne, dans le Condomois & le Brulois, entre l'Oſſe, la Garonne & le Gers.

Oſſidates Montani. Peuples de Gaſcogne, dans l'Armagnac, entre l'Oſſe, le Gers & le Condomois.

Oſſonoba nova. Faro.

Oſſonoba vetus. Eſtombar.

Oſterbantum. L'Oſtrevand.

Oſtippo. Eſtépa.

Oſtium Garieni. Jarmout.

Oſtium Lavanti. Lavammind, Ville.

Oſtium Purmeri. Purmerend.

Othona Regnorum. Haſting.

Otlinga. La Campagne de Caen.

Otlinga Harduini. Partie méridionale de la Campagne de Caen.

Otlinga Saxonia. Partie ſeptentrionale de la Campagne de Caen.

Ottadini. Peuples d'Angleterre, dans une partie du Northumberland.

Ottenetta. L'Otone.

Ottonia. Odenſée.

Ovilabis, ou *Ovilia Noricorum.* Vels.

Oxiones. Voiez, *Helluvii.*

Oxus. Le Gieihoun, *ou* l'Albiamu.

Oxybii. Peuples de France, en Provence, autour de Saint Laurens.

Oxybium. Saint Laurens.

Oxyrinchus. Meunia.

Oxyrrhoon. Le Glari.

P.

PABULA. La Peule, *ou* la Puelle.

Paciacus Bedenſis. Pargnei, en Voide.

Paciacus Tullenſis. Pargnei, en Toulois.

Padus. Le Pô.

Padinum. Bondéno.

Paſtum. Peſti.

Pagus Caſtrenſis Pariſiorum. Canton de l'Iſle de France, où ſont entr'autres endroits, Palaiſeau, Orcei, Marcouſſi, Montléri, Linas, Châtres-Arpajon, Torfou, Villejuſt, Gomets-le-Châtel & la Ville, Fontenai-les-Bois, Brieres-le-Châtel, Limours, Forges, & Saint Arnoul.

Pagus Dolomenſis, ou *Dolcomenſis.* Le Dormois.

Pagus Lommenſis, *Laumenſis*, ou *Lomacenſis.* Le Lomme.

Pagus Renenſis. Le Territoire d'Anvers.

Pagus Rotomagenſis. Voiez, *Velocaſſes Occidui.*

Pagus Vadenſis. Le Valois.

Palaſtina. Paiis de la Turquie Aſiatique, qui fait partie de la Sourie.

Palatiolum. Palaiſeau.

Palatium Gothorum. Saint Gilles, Ville de Languedoc.

Palantia Vaccæorum. Palentia.
Palibothra. Halabas, Ville.
Palibothris. Le Halebas, Province.
Palla. Saint Boniface.
Pallantia Vaccæorum. Palentia.
Pallia. La Paglia.
Palma. Majorque, Ville.
Palmaria. Palméruola.
Palmira. Faïd.
Palum. Pau.
Palus Clusina. Chiana Paludé.
Pamphilia. Paiis de la Turquie Asiatique, dans la Natolie, qui fait partie de l'Aladuli.
Panagia. La Province de tous les Saints.
Pancratiopolis. Saint Pancher.
Pandataria, ou *Pandateria.* L'Isle de Sainte Marie.
Pandosia Bruttiorum. Mendocino.
Panionium. Tchangli.
Pannonia inferior. Paiis de la Turquie Européane, en Hongrie, qui s'étend entre le Rab, le Danube, & la Drave, & comprend outre cela l'Esclavonie & la Croacie.
Pannonia Sirmiensis, autrement, *Amantina*, *Bubalia*, *Sabaria*, *Savia*, *Saviensis*, ou *Valeria.* L'Esclavonie.
Pannonia superior. Paiis d'Allemagne, qui comprend l'Archiduché d'Autriche, la Carinthie & une partie de la Carniole.
Panormum, ou *Panormus.* Palerme.
Panticapus. Pontico.
Paphlagonia. Paiis de la Turquie Européane, dans une partie de la Natolie propre.
Paphos nova. Baffo.
Papia Levorum. Pavie.
Pappulopolis. Saint Papoul.
Parætonium. Raxa.
Parentium Histrorum. Parenzo.
Parisiacus Ager. Le Parisis.
Parisii. Partie de l'Isle de France, qui contient 1°. à la droite de la Seine, la France propre, le Parisis, & l'Aunoi : 2°. à la gauche de la Seine, les Ivelines, le Paiis de Châtres, & le Hurepois : 3°. entre la Seine & la Marne, la Brie Parisienne, depuis Gondre sur Seine, jusqu'à Chéci sur Marne.
Parisii Brigenses. La Brie Françoise, où sont Noisi, Gournai, Lagni, Torci, la Quene, Tournam, Lésigni, Villeneuve Saint George, Brie-Comte-Robert.
Parisii Celtici. Diocèse de Paris.
Parisii Transducti. Peuples d'Angleterre, au Paiis de Galles.
Parisium. Ville Parisis.
Parium. Paris, en Asie.
Paropus. Colisano.
Paros. Paros, *ou* Paris.
Paros. Paréchia, *ou* Parichia.
Paros Liburnica. La Lésina.
Parriniacum. Périgni. Pringi.
Parsis. Pasir.
Parthenope nova. Naples.
Parthenope, ou *Parthenopolis Saxonum.* Magdebourg.
Parthia. Le Coraïan.
Pasargadæ. Peuples d'une partie de la Perse, autour de Passa.
Patati. La Piaside.
Patavium. Padoue.
Paterniacus. Paierne.
Patmos. Patino.

Patræ. Patras.

Patriciacus. Perci, en Autunois.

Patruissa. Colosvar, *ou* Clausembourg.

Pauca, ou plûtot *Paula.* Pola.

Pauliniacum. Polignac.

Pausulæ Picenæ. Monté dell'Olmo.

Peapolis. Virsbourg.

Pedasus. Coron.

Pedredus. Le Parret.

Peiso. Le Neusidlersée.

Pelasga. Mételin, Isle.

Pelasgia. La Morée.

Peligni. Peuples d'Italie, dans une partie de l'Abrusse.

Pella Macedonum. Palatisia.

Peloponnesus. La Morée.

Pelusium. Thiné.

Penestica Helvetiorum. Biel.

Peneus. L'Ababa.

Pennelocus, ou *Pennolucus.* Villeneuve, en Suisse.

Pennocrucium Cornaviorum. Peneridge.

Pentri. Le Comté de Molisse.

Peparethos. Pipéri.

Perca. La Romanie.

Pergantio. Bargançon, Brégançon, *ou* Brigançon.

Perinthus. Pantiro.

Perniacus. Perni, *ou* Prini.

Perorsii. Peuples d'Afrique, qui occupent une grande partie de la Guinée.

Perpinianum. Perpignan.

Persepolis. Chilminar.

Persia. Fars.

Persis. La Perse.

Pertica. Le Perche.

Pertica Theodemerensis. Le Timerais.

Pertisus Pagus. Le Pertois.

Pertusa Rupes. Trou de Taille.

Pertusum Mosæ. Vertuse.

Perviciacum Eburonum. Pervis.

Perusia, ou *Perusium.* Pérouse.

Pessinus. Eskissar.

Petenisca Helvetiorum. Biel.

Petilia Bruttiorum. Belcastro, *ou* Policastro.

Petovio. Pettau.

Petra Arabum. Crac.

Petra Forata. Pierre-Hourade.

Petra Fortis. Pierfort.

Petra-Pertusa. Langstein, *ou* Pierre-Percée.

Petra Sicula. Petraglia.

Petrensia (Castra) Vindelicorum. Osterhoven.

Petrocorii. Les Périgordins, *ou* le Périgord.

Petrodava Jassiorum. Jassi.

Petromantalum Carnutum. Mante-sur-Seine.

Petropolis Carellorum. Petersbourg.

Petuaria Parisiorum Transductorum. Hul.

Peuce. Cinq-Eglises. L'Isle d'Ilanada, *ou* de Gésirenuar.

Peucini. Anciens Peuples, autrement appellés *Bastarnæ*, qui s'étendoient dans la Pologne, entre la Vistule & le Viepers, dans la Podolie, & le long du Niester jusqu'aux bouches du Danube & à l'Isle d'Ilanada.

Phabiranum. Brémen.

Phæacia. Corfou.

Pharia Liburnica. La Lésina.

Pharos Liburnica. La Lésina.

Pharsálus. Pharsa.

Pharus. Faro.

Phasis. Faso.

Philippopolis. Philipstad.

Phinopolis. Mauromolo.

Phocæa. Fogia Vecchia.

Phocis. Païs de la Turquie Européane, dans une partie de la Livadie.

Phœnice. Nio.

Phœnicia. Paiis de la Turquie Asiatique, qui fait partie de la Sourie.

Pholegandros. Policandro.

Phorbantia. Lébenza.

Phrygia. Paiis de la Turquie Asiatique, dans une partie de la Natolie propre.

Picena. Ancône.

Piceni, ou *Picenum*. Grand Paiis d'Italie, contenant la Marche d'Ancône, avec une partie du Principat & de l'Abrusse.

Picentes. Voiez, *Piceni*.

Picentina. Poséga.

Picentini. Le Territoire de Salerne, dans le Principat, en Italie.

Pictavium. Poitiers.

Pictones, ou *Pictavi*. Le Poitou.

Pictones Agesinates. L'Angoumois.

Pictones Mirebellenses. Le Mirebalais.

Pinciacensis Pagus. Le Pinserais, Territoire de Poissi.

Pinciacum. Poissi, dans le Pinserais.

Pincus, ou *Pingus*. La Morave.

Pinna Vestinorum. Civita di Pinna.

Pintia. Valladolid.

Piraeus. Il Porto Liona.

Pirum Tortum Noricorum. Pixendorf.

Pisaurum. Pésaro.

Piscenæ. Pésenas.

Pisonium. Poson, *ou* Presbourg.

Pisoraca. La Pisuerga.

Pistagia. Santa Fé.

Pistorium Etruscum. Pistoie.

Pitueris. L'Œuf.

Plana. La Plaine.

Planaria, ou *Planasia*. Pianosa.

Planctus Alemanorum. Planctal.

Plavis. La Piave.

Plexiacum. Le Plessis.

Pluvialia. L'Isle de Fer.

Podium Andarnæ, ou *Andaonæ*. Villeneuve sur le Rhône.

Podium Ceretanum. Puicerda.

Podium Nivariense. Le Pic de Ténérife.

Podium Parisiorum. Le Pec.

Podium Uxellodunense. Le Puech, *ou* le Peuch d'Usselou.

Pœessa. Rhodes.

Pœni transducti. Peuples d'Espagne, dans une partie du Roiiaume de Grenade.

Polemniacum, ou *Poliniacum Varascorum*. Poligni.

Pollentia Picena. Urbisaglia.

Polyagos. Polégasa.

Pomonia Austrina. Mainland.

Pomonia Boréa. Shétland.

Pompeiopolis, ou *Pompelon Vasconum*. Pampelune.

Pompeiopolis Scarponensium. Pompei.

Pons Abaudi. Pont-Aubau.

Pons arcûs, *Pons arcuatus*, ou *Pons de arcis*. Le Pont de l'arche.

Pons Arliciorum, ou *Arleius*. Pontarli.

Pons Audomari. Le Pont-Audemer.

Pons Coritanorum. Pauton.

Pons Dolliacus. Pont-Douilli.

Pons Givoldi. Pont Gibaut.

Pons Isis. Ibs.

Pons Lexoviorum Pratensium. Le Pont d'Auge.

Pons Liquentiæ. La Motta.

Pons Mosæ

Pons Mosæ Eburonum. Mastricht.
Pons Muri. Murau.
Pons petraus. Pompierre.
Pons Reintrudis, ou *Regintrudis.* Porentru.
Pons Saravi. Sarbrouc.
Pons Varensis. Pont-à-Vère.
Pontes Ambianorum. Ponches.
Pontes Santonum. Pons en Saintonge.
Pontes Seii, ou *Saii.* Les Ponts de Sé.
Pontes Tessenii, ou *Tessenini Vindelicorum.* Diésen, *ou* Tiessen.
Pontia. Ponza.
Pontigo. Pontion.
Pontimons. Braquemont.
Pontis tofta. Braquetuit.
Pontivilla. Briqueville. Brébeuf.
Pontus. Païis de la Turquie Asiatique, dans la Natolie, qui fait une partie de l'Amasie.
Populonium Etruscum. Piombino.
Porphyris. Cérigo.
Porresium. Port-Royal, *ou* Porrois.
Portæ Caspiæ. Derbent.
Portus Agasus. Porto Græco.
Portus Amanus. Bilbao.
Portus Calle. Porto, *ou* Puerto.
Portus Delphini. Porto Fino.
Portus Garnæ. Rodia.
Portus Herculis Labronis. Livourne.
Portus Herculis Monæci. Monaco.
Portus Iccius, ou *Vicius.* Ce Port ne subsiste plus depuis le dixiéme siécle. Il s'appelloit Vic, & souvent Cuenta-Vic, à l'embouchure de la Canche, sur la rive méridionale, dans le Ponthieu. C'est aujourd'hui le Village de Quentovic.
Portus Lacydo. Un des Ports de l'ancienne Marseille.
Portus Lemanis. Lime.
Portus Leucorum. Saint Nicolas sur Meurte, en Lorraine.
Portus magnus Belgarum transductorum. Porsmout.
Portus magnus Libyæ. Marsalquivir.
Portus Magonis. Le Port-Mahon.
Portus Manarmanis. Gelmuiden.
Portus Mines, ou *Hemines.* Portmiou.
Portus Romanus Arabum. Aden.
Portus Romanus Latii. Porto.
Portus Sandonum. Le Seudre.
Portus Sasina Calabrorum. Porto Césaréo.
Portus Sisaræ. Le Port de Roncevaux.
Portus Staliocanus. Le Porz-Liocan.
Portus Suavis. Porsas, *ou* Poussai.
Portus Trisantonis Belgarum transductorum. Soutampton.
Portus Trutulensis Cantiorum. Richborou.
Portus Veneris. Vendres.
Poryrrhoon. Le Glari.
Posidion. Cabo Mastico, *ou* de Catoméria.
Posidonia. Pesti.
Posidonium. Dardanelle d'Europe.
Potamia. L'Egypte.
Potentia. Potenza.
Potiniacum. Potigni.
Præcustodia. L'Avangarde.
Præsidium Cornaviorum. Varvic.

Præsidium Julium. Santaren.
Prætoria Augusta. Brassau, *ou* Cronstat.
Prætorium Agrippinæ. Roomboug.
Prætorium Brigantum. Paterington.
Prætorium Latovicorum. Ratschac.
Prætutiani. Peuples d'Italie, dans une partie de l'Abrusse.
Prata. Prades.
Pratella, orum. Les Préaux. Prêles. Pradelles.
Pratellum. La Prêle.
Pratensis terra. Eulande.
Prati Tosta. Prétot.
Praticors. Eucour.
Pratimanile. Eumênil.
Precopia. Pérécops.
Priene. Samson.
Privernum vetus Volscorum. Piperno Vecchio.
Prochyta, ou *Prochyte.* Procita.
Profundus rivus. Parfouru.
Promontorium Æthorhecum. Le Cap Turc, *ou* le Cap Stridia.
Promontorium Album. Le Cap Despartel.
Promontorium Antivestæum. Thé-Lands-End.
Promontorium Aphrodisium. Le Cap de Creux.
Promontorium Arsinarium. Le Cap Verd.
Promontorium Artabrum. Cabo de Rocca.
Promontorium Athenæum, ou *Minervæ.* Capo Campanella.
Promontorium Barbarium. Cabo de Espichel.
Promontorium Belerium. Thé-Lands-End.
Promontorium Bosporium. Le Cap de Saint Dimitre.
Promontorium Cantharium. Le Cap Catabate, *ou* de Samos.
Promontorium Cecrium. Le Cap Cécri.
Promontorium Celticum. Le Cap de Finistère.
Promontorium Chelonates. Capo di Chiarenza, *ou* le Cap de Clarence.
Promontorium Chrysoceras. Le Cap de Saint Dimitre.
Promontorium Cocintum. Capo di Stilo.
Promontorium Corium. Cabo Coriane.
Promontorium Damnonium. Le Cap Lésard.
Promontorium Diplocionion. Le Cap Béfichtachi.
Promontorium Dracanium. La pointe du Fanar.
Promontorium Estias. Le Cap de Courouchismé.
Promontorium Gobæum. Le Chef de Saint Mahé.
Promontorium Gravium. Cabo Grovio.
Promontorium Heræum. Le Cap Colonne.
Promontorium Herculis, Capo di Spartivento.
Promontorium Japygium. Capo di Leuco, *ou* le Cap de Sainte Marie de Leuca.
Promontorium Jasonium. Le Cap Béfichtachi.
Promontorium Itanum. Capo Xacoro.
Promontorium Junonis. Cabo de Trafalgar.
Promontorium magnum Lusitanorum. Capo di Rocca Sintra.

Promontorium sacrum Lusitanorum. Le Cap de Saint Vincent.
Promontorium Mastusia. Le Cap Grec de Romanie.
Promontorium Minerva. Voiez, *Promontorium Athenæum.*
Promontorium Mossylium. Le Cap Guardafu.
Promontorium Nerium. Le Cap de Finistère.
Promontorium Ocrinum. Le Cap Lésard.
Promontorium Octapitarum. Le Cap de Saint Davids.
Promontorium Pachinum. Le Cap de Passaro.
Promontorium Pelorum. Le Cap de Faro.
Promontorium Rubeas. Le Nord-Cap.
Promontorium Salmonium, ou *Sammonium.* Le Cap Salomon.
Promontorium Setium. Le Cap d'Agde.
Promontorium Sigéum. Le Cap Janissaire.
Promontorium Tanarium. Le Cap de Matapan.
Promontorium Trileucium. Cabo d'Ortégal.
Pronæa. Le Prum, *ou* le Pruim.
Pronesi. Les Antilles.
Pronesi Caraïbana. Les Antilles Caraïbes.
Pronesi Lucaia. Les Antilles Lucaies.
Pronesi Mexicana. Les Antilles Mexicanes.
Prote. Porqueiroles.
Pruneti Tofta. Plumetot.
Prunetum Abrincatuorum. Plomb.
Prusa. Bursia.
Prutheni. La Prusse.
Pruvinum Senonum. Provins.
Psammite. Le Rématiari.
Psilli. Peuples d'Afrique, dans une partie du Sara.
Psyche. Cole.
Psychyle. Boscole.
Ptolemaïs Barcæorum. Toléméta.
Ptolemaïs Syrorum. Acre.
Pulliacum. Pouilli, en Auxois.
Punereium. Punerot.
Puturnengahamum. Poperingue.
Pussio. Bousseraucourt.
Puteus Coopertus. Couverpuis.
Pydna, ou *Pydnus.* Kitro.
Pylus Messeniaca. Navarrin.
Pyrenæi. Les Pirénées.
Pyrenesca. Buren.
Pyrgi Etruscorum. Santa Sévéra.
Pytna. Girapetra.
Pytna. La Montagne de Males.

Q.

QUADI. La Moravie, & le terrain le long du Danube, qui est à l'opposite de Vienne, de Haimberg, & de Strigónie.
Quadrata. Viselbourg.
Quadriburgium Batavorum. Voiez, *Vatriburgium.*
Quatum. Le Quiéto.
Quentovicum. Voiez, *Portus Iccius.*
Quercetum. Le Chênai. La Chénaie. Chasnoi. Le Quénoi.
Quercetum Aimonis. Le Quénoi, en Hainaut.
Quercetum Ripense. Drubec.
Quercetum Salmense. Chasnoi, Village du Salmois, en Lorraine.
Quintana (Castra) Vindelicorum. Kintzen.

R.

RABADO. Le Rabodeau.
Raclitanum. Rakelsbourg.
Radis. L'Isle de Ré.
Rado Calvomontensis. Raon sur Meurte.
Rado Salmensis. Raon sur Plaine.
Rama. Astorga.
Rapistagnum. Rabasteins.
Rarauna, ou *Rauranum*. Ron, *ou* Rom.
Ratiaria. Arézar.
Ratiastum Lemovicum. Limoges.
Ratostathybium. Le Taf.
Rauceium. Rouci.
Ravenna. Ravenne.
Rauga. Roie, en Picardie.
Rauraci. Le Bâlois, l'Alsace méridionale, le Suntgau.
Rauraci Sugintenses. Le Suntgau.
Reate Sabinorum. Riéti.
Regalis Hortus. Roialmeix, Rouaumaix.
Regia. Armac.
Regia Vallis. Riéval.
Regina Vallis. Rangeval.
Reginogradecium. Conigingretz.
Reginum, ou *Regina Castra*. Ratisbonne.
Reginus. Le Régen.
Regio septem Castrensis. La Transilvanie.
Regiteste, ou *Reiteste Remorum*. Rétel.
Regium Lepidi. Reggio.
Regni. Le Suffex.
Regnum. Ringvood.
Regnum Neomagense. Le Territoire de Nimègue.
Regnum Sinda. Le Roiiaume de Tatta.
Regula Vasatum. La Réole.
Regulbium Cantiorum. Réculver.
Rehesa Caldo Curtis. Rehincourt.
Reii Apollinares. Le Territoire, *ou* Diocèse de Riès, en Provence.
Remberti Villare. Remberviller.
Remi. Le Rémois.
Remi Porticenses, *Porcenses*, ou *Porciani*. Le Porcien.
Reparium Segintense. Repai.
Rerigonius Sinus. La Baie des Glenluz.
Retia Sylva. La Forêt de Villers-Côte-Rets.
Reuvisium. Ruis.
Rha. Le Volga.
Rhabon. Le Marocs.
Rhæti Alpini. Les Grisons.
Rhaseni. La Toscane.
Rhebas. Le Riva.
Rhedones. Peuples de France, dans une partie de la Bretagne, au Diocèse de Rennes.
Rhegium Julium Bruttiorum. Régio.
Rhene. La Rhénée.
Rhenolandia. Le Reinland.
Rhetico. Le Siébengebirge.
Rhidagus. Le Carzan.
Rhizinium, ou *Rhixon*. Risino.
Rhyndacus. Voiez, *Lycus*.
Rhoda Indigetum. Roses.
Rhodanus. Le Rhône.
Rhodope. Le Mont Dervent.
Rhodos. Rodes.
Rhombus. La Marisa.
Ricciacum. Riésingen.
Richranni Curtis. Richecourt.
Ricina. Une des Vesternes.
Ricina Ligurum. Recco.
Ricomagus Arvernorum. Riom.

Rigodulum Treverorum. Rigol.
Rigomagus Ligurum. Trin.
Rigomagus Treverorum. Rimagen.
Rinctus, ou *Rinctius.* La Rance.
Ripa Cimbrorum. Ripen.
Ripara. Samapoula.
Riparia magna. Ribéra Grandé, *ou* la grande Ribéra.
Ripepora. Montori.
Ripuaria. Reviers.
Risa. La Rise.
Risnellium. Reinel.
Ritunda. Retonde.
Ritymna, ou *Rhitymnia.* Rétimo.
Rivi Tectosagum. Rieux.
Rivus coloratus. Teintru.
Rivus Leucorum Barrensium. Ruz.
Rivus Morentini. Romorentin.
Rivus altus Tectosagum. Rieucros.
Roberti Hispania. Robert Espagne.
Robora. Rouves.
Roboretum. Rouvrai. Rouvroi. Bois de Bologne. Rovère.
Roboriolum. Rouverou.
Robur. Rouvre. Rouve.
Rodonium. Rôni.
Rodumna Segusianorum. Roanne.
Ræti. Peuples situés entre le Lac de Constance, & l'Inn.
Rætia prima. Entre le Lac de Constance, & le Lek.
Rætia secunda, ou *Vindelicia.* Entre le Lek, & l'Inn.
Roma antiqua, ou *minor.* Rémorantin.
Romaniolum. Romain sur Meuse.
Romarici Mons. Remiremont.
Romona. Mainland.
Romonum Monasterium. Roman-Moutier.
Rora. La Roer.
Roræ Ostium. Ruremonde.
Roserium Leucorum. Rosieres.
Rostrum Nemaviæ. Memmingen.
Roteræ Moles, ou *Roterodamum.* Roterdam.
Rotohammus. Rohan.
Rotomagensis Ager. Terrain aux environs de Rouen, entre l'Andelle, la Seine, la Jène, & le Paiis de Braî.
Rotomagensis Pagus. Le Paiis de Brai, le Territoire de Rouen, & le Roumois. Voiez, *Velocasses Occidui.*
Rotomagensis Pagus Medius. Voiez, *Rotomagensis Ager.*
Rotomagensis Pagus Occiduus. Voiez, *Velocasses Rotomagenses Occidui.*
Rotomagensis Pagus Ortivus. Voiez, *Velocasses Braienses.*
Rotomagus Velocassium. Rouen.
Rovesio Vellavorum. Saint Paulien.
Roxolani. Peuples d'une partie de la Moscovie.
Rubico. Pisatello.
Rubiniacum. Ruvigni.
Rubo. La Duina.
Rubra Tosta. Rotot, *ou* Routot.
Rubra Villa. Rohan. Routot. Maisonrouge, *ou* Rougemaison.
Rubricatum Laletanorum. Auléfa.
Rubricatus. Le Lobrégat.
Ruessium Velaunorum. Saint Paulien, en Velai.
Rufiana Rauracorum. Rufac.
Rufra. Presenziano.

Rufrium Hirpinorum. Ruvo.
Rugia. Rugen.
Rugii. Peuples d'Allemagne, dans une partie de la Poméranie, le long de la Mer Baltique, entre les Villes de Stragard, de Camin, & de Coslin, dans la Poméranie; & de Falkembourg, dans le Marquisat de Brandebourg.
Rugium. Rugenvald.
Rumeliacum. Remilli.
Rupecula Tullensis. La Rochote.
Rupella Alnetensium. La Rochelle.
Rupes Berulfi. Le Roquebrou.
Rupes Cavardi. Rochechouart.
Rupes Sarmaticæ. Les Monts Crapacs.
Rupes Segintenses. Ruppes.
Ruscia. Rossano.
Ruscino. Le Tet.
Ruscino nova. Perpignan.
Ruscino vetus. Tor Rossello.
Ruspina. Souse.
Rusucurum. Alger.
Rutheni. Le Rouergue.
Rutheni. Peuples d'une partie de la grande Russie.
Rutuli. Peuples d'Italie, qui occupent une partie de la Campagne de Rome.
Rutunium Cornaviorum. Routon.
Rutupiæ Cantiorum. Richborou.

S.

SABA. Zibit.
Sabadibæ. Voiez, *Insulæ*.
Sabæi. L'Iémen.
Sabaria Boiorum. Sarwar.
Sabatus. Le Savato.
Sabe. Dhafar, *ou* Taeseb.
Sabini. La Sabine.
Sabiniacum. Savigni.
Sabium Euganeorum. Savallo.
Sablones Gugernorum. In t'Sand.
Sabrina. La Saverne.
Saboloium, *Sabloium*, ou *Saboletum*. Sablé.
Sabuletum. Molle, le Mollai.
Sabulo. Mou.
Sacæ. Le Turquestan.
Sacer Portus Senonum. Barbeau.
Sacili (is). Alcorucen.
Sacilinium. Séclin.
Sacrata Picena. Porto de Monté Santo.
Saduca. Le Guadalquivircio, *ou* Fiu Grandé.
Sæpinum Samnitum. Supino.
Sætabis. Rio de Xativa.
Sætabis nova Contestanorum. Xativa.
Sagii. Le Diocèse de Seès, en partie.
Sagiopolis. Seès.
Sagrus. Le Sangro.
Saguntbus. Morvedre.
Salacia Turdetanorum. Alcacer do Sal.
Salamis. Coluri.
Salapia. Salpé.
Salassi. Peuples d'Italie, dans une partie du Piémont.
Salduba. Saragosse.
Salentia. Solito.
Salentini. Peuples d'Italie, qui occupent une partie de la Terre d'Otrante.
Salera Major. La grande Saudre.
Salerobriva. Salbris.
Saletio Nemetum. Sela.
Salia. La Seille.
Salices. Sauques.
Salicetum. La Saussaie, la Saudraie, la Saulaie.

Salicula Segintenses. Sausserote.
Salii. Peuples d'Allemagne, dans une partie des Paiis-Bas.
Salinella. Salenelle.
Salina Sollinensium, ou *Suetrorum*. Castelane.
Salioclita. Saclas.
Saliso, *Salossa*, *Salsa*. Selz.
Salluvii. Peuples de France, en Provence, autour d'Aix.
Salmantica Vettonum. Salamanque.
Salmona. Le Salm.
Salmurus Andegavorum. Saumur.
Salmydessus. Belgrade de Romanie.
Salocha Noricorum. Selch.
Salodurus Ambronum. Soleurre.
Salona nova. Spalatro.
Salona Leucorum Salinensium. Salone en Saunois.
Saltus. La Saux.
Saltus. Le Sault, Riviére.
Saltus Algia. Le Bois d'Auge.
Saltus Reddensis. Le Paiis de Sault.
Saltus Salyum. Sault, en Provence.
Salsuria. Saussures.
Salvia-Urbs. Urbisaglia.
Salvincium. Sauvigni.
Salyes. La Provence, entre la Durance, le Rhône, & la Mer.
Samara. La Somme.
Samaria. Sébastia.
Samarobriva Ambianorum. Amiens.
Sambroca. Le Ter.
Sambuca. Le Tec.
Samnita. Peuples de la Gaule, aux environs d'Ancenis, sur la Loire. On les nomme aussi *Amnita*.
Samnites. Peuples d'Italie, dans le Comté de Molisse, & dans une grande partie de l'Abrusse.
Samothracia. Samandraki.
Samydace. Guadel.
Sanctio Vindelicorum. Seckingen.
Sandaliotis. La Sardaigne.
Sandava. Ségesbourg, *ou* Ségesvar.
Sangaris. Le Sagari.
Sanitium. Sénès.
Santones. La Saintonge, le Paiis d'Aunis, & le Brouageais.
Santones Avedonacenses. Le Paiis d'Aunis.
Santones Berulfienses. Le Paiis de Brouage, *ou* le Brouageais.
Saponaria Catalaunenses. Savonieres, en Champagne.
Saponaria Tullenses. Savonieres, en Toulois.
Saponaria Turonenses. Savonieres, en Touraine.
Saracates. Le Sargau.
Saranusca. Sarbruc.
Saravi Pons. Sarbrouc.
Sarâvus. La Sare.
Sardica Ulpia nova. Sophie.
Sardica Ulpia vetus. Triadise.
Sardinia. La Sardaigne.
Sardones. Le Roussillon.
Sarlatum. Sarlat.
Sarmata. Anciens peuples, qui s'étendoient entre le Don, le Nièpre, & le Volga.
Sarnia. Garnesei.
Sarnus. Le Scafati.
Sarra. Sur.
Sarra. La Sare.
Sars, *tis*. Rio Sar, *ou plutôt*, le Lésaro, dans la Galice.
Sartobriva. Brissarte.

Sasina Calabrorum. Porto Césaréo.
Satanacum. Stenai.
Saturnia. L'Italie.
Savara. La Sèvre. La Sève.
Saucona. La Sône.
Savo. Le Saoné.
Saüs. La Save.
Saxetum. Saci, Sacei.
Saxones. Peuples d'Allemagne, qui occupent une partie de la basse Saxe & de la Westphalie.
Scabilis. Santaren.
Scaldia. L'Isle de Shoven.
Scaldis. L'Escaut.
Scandila, ou *Scandile.* Scanda.
Scandinavia. Grande Presqu'Isle du Nord, contenant la Norwège & la Suède.
Scandinavia Eoa. La Suède.
Scandinavia Occidua. La Norwège.
Scarabantia Marcomanorum. Scaping, *ou* Oédembourg.
Scarpona in Leucis. Charpeigne.
Scena. Le Shennon.
Sciburgium. Ségesbourg, *ou* Ségesvar.
Scingomagus. Suse.
Seissum Lacetanorum. Guissona.
Schinusa. Skinosa.
Scombraria. La Scombréra.
Scotoria. Le Dorat.
Scritfinni. Peuples de Norwège, dans la Laponie.
Scultenna. Le Panaro.
Scupi. Uschup.
Scurgium. Dantzic.
Scyletium, ou *Scylacium Bruttiorum.* Squillace.
Scyros. Seiro.
Scythæ occidentales. La grande Russie orientale.
Scythæ orientales. La grande Tartarie occidentale.
Scython. La Romanie.
Sebaste. Sébastia.
Sebastianopolis Januaria. Saint Sébastien.
Sebastopolis Albanorum. Savatopoli.
Sebiria. La Sibérie.
Sebum. Iséo.
Secanunga. Le Groenland.
Secustero. Sistéron.
Sedena, ou *Sezena.* Seine.
Seduni. Le Valais oriental.
Sedunum. Sion.
Segalauni, *Segolauni*, ou *Segovellauni.* Le Valentinois.
Segedunum Ottadinorum. Séton.
Segesta Tiguliorum. Sestri.
Segestre. Saint Seine.
Segethusa. Ségesbourg, en Ségesvar.
Segisama Cantabrorum. Veisama.
Segobriga. Ségorbe.
Segodunum Juhonum. Sigen.
Segodunum Ruthenorum. Rodès.
Segoreii. Le Territoire, *ou* Diocèse de Riès en Provence.
Seguntia Arevacorum. Siguensa.
Segus. La Sige.
Segusiani. Le Lionnois, pris en général, & le Briançonois.
Segusiani Bellojocenses. Le Beaujolois.
Segusiani Brigantini. Le Briançonois.
Segusiani Dombenses. La Dombe.
Segusiani Forenses. Le Forèz.
Segusiani Lugdunenses. Le Lionnois propre.
Segusiani Rodumnenses. Le Roannès.
Segusio. Suse.

Selambina. Salabrégna, *ou* Salobréna.

Seleucia. Bagdet.

Selinusia. Lac de la Natolie occidentale, au Nord d'Aïasalouc, proche la rive droite du Caïstre.

Semiana Rhætorum. Méan.

Semirus. Le Sémiro.

Semita Segintensium. Sion, en Saintois.

Semnones. Anciens Peuples, qui occupoient une partie de la petite Pologne, entre le Varta & l'Oder, le Duché de Crossin, le Paiis de Sternberg, une partie de la Silésie autour de Glogau, de Sagan, *&c.* la Lusace, la Marche de Brandebourg autour de Francfort sur l'Oder, quelque partie de la haute Saxe, de la Principauté d'Anhalt, & de la Misnie, au Nord-Est de l'Elbe.

Sena. L'Isle de Sain.

Sena Julia. Sienne.

Sena, ou *Senna.* Le Césano.

Senia Liburnorum. Zeng, *ou* Ségna.

Senones Aborigines. Le Sénonois, l'Auxerrois, partie du Nivernois.

Senones Autissiodorenses. L'Auxerrois.

Senones Brigenses. Partie de la Brie, où sont Provins & Chaume.

Senones Nivernenses. Partie du Nivernois, dans le Diocèse d'Auxerre.

Senones transducti. Peuples d'Italie, dans une partie du Bolonois.

Sentica. Zamora.

Sentinum Umbrorum. Sentina.

Senus. Le Shennon.

Separa. La Sève. La Sèvre.

Separis. La Serre.

Septem-Abietes. Ban de Sapt.

Septemcastrensis. Voiez, *Regio.*

Septempeda. San Sévérino.

Septem-Villa. Stainville.

Septimontium. Sevenberg.

Sequana. La Seine.

Sequani. Paiis compris entre la Sône, le Rhône & le Rhein, c'est-à-dire, la Bourgogne orientale, le Bugei, la moitié de l'Alsace, & la Suisse jusqu'à la Russ.

Sequani Burgundiones. La Bourgogne orientale, ou le Comté.

Sequani Decolatenses, ou *Portenses.* Le Portois Bourguignon.

Sequani Helvetii. La Suisse, jusqu'à la Russ.

Sequani Rauraci. L'Alsace méridionale, le Suntgau, & le Bâlois.

Sequani Varasci. Le Paiis de Varasch.

Seres Austrini. La Chine septentrionale.

Seres Borêi. La grande Tartarie orientale.

Seriphus. Serfo, Serfino, *ou* Serfanto.

Serviodurum Vindelicorum. Straubingen.

Servitium. Gradisc.

Sesania. Sesane.

Sesomiris, ou *Sesmarus.* La Sémoi.

Sessites. La Sessia.

Sestos nova. La Dardanelle d'Europe.

Seteia. Déémut.

Setelsis. Solsone.

Setia Volscorum. Sezza.
Setius Mons. Voiez, *Mons.*
Severia. Salisbéri.
Severiacum. Séverac.
Sevo. Les Dofrins.
Sevum. Iséo.
Sexti Firmum. Almunéçar.
Sianticum Noricorum. Sanec.
Siberena. Sévérina.
Sicambria. Bude.
Sicambri. Peuples de Germanie, qui demeurerent d'abord le long de la Sige, dans la Westphalie méridionale, & qui furent ensuite transportés, entre le Rhein & la Meuse, dans le Paiis qui fait partie des Duchés de Gueldre & de Clêves.
Sicambri. Le Zutphen.
Sicania, ou *Sicilia.* La Sicile.
Sicênus, ou *Sicinus.* Sikino.
Sicera, ou *Sicia.* La Cisse.
Sicoris. La Sègre.
Sicum Dalmatarum. Sébénigo.
Sicyon. Vasilica.
Sicyonia. Paiis de la Turquie Européane, dans la Morée, qui fait partie du Duché de Clarence.
Sida. Candélora.
Sidon. Saïd.
Siga. Haresgol. La Sige.
Signia Volscorum. Ségni.
Sigramnocurtis. Sécourt.
Silarus, ou *Siler.* Le Sélo.
Silcinaga. Silleri, dans le Paiis Messin.
Silinimons. Silmont.
Silis. Le Sile.
Silvium. Il Gorgolioné.
Silures. Le Paiis de Galles.
Simira. Erzerum.
Sinæ. Siam.
Sinæ. Peuples d'Asie, qui occupent la Chine méridionale, le Tunquin, la Cochinchine, le Pégu, & le Roiiaume de Siam.
Sinæ Aspithræ. Voiez, *Aspithræ.*
Sincerra. Sancerre.
Sindi. La Cochinchine.
Sindunum. Senuc.
Sinemurus Alesiensium. Sémur, en Auxois.
Sinemurus Brannovicum. Sémur, en Briennois.
Sinera. Erzerum.
Singara. Sangiar.
Singidava. Ségesbourg, *ou* Ségesvar.
Singidunum. Zendreuil, *ou* Sémendre.
Singilis. Antéquéra.
Sinibra. Erzerum.
Sinnum. Le Senno, *ou* le Sénio.
Sinonia. Sanoné.
Sinôpe. Sinobi.
Sinuessa. Ruines d'une ancienne Ville d'Italie, dans la Terre de Labour, proche Rocca di Mondragoné, entre les bouches du Garigliano & du Saoné.
Sinus Amphimales. Golfo della Suda.
Sinus Arabicus. La Mer de la Mecque, *ou* la Mer Rouge, *ou* le Golfe Arabique.
Sinus Barigazenus. Le Golfe de Cambaie.
Sinus Bebrycius. Le Golfe de Narbonne.
Sinus Ceramicus. Golfo di Castel Marmora.
Sinus Cilypenus. Le Golfe de Livonie, *ou* de Riga.
Sinus Finnicus. Le Golfe de Finlande.
Sinus Gambracitanus. Le Golfe

de Grimaud, *ou* de Saint Tropès.

Sinus Gangeticus, ou *Indicus*. Le Golfe de Bengale.

Sinus Lametinus. Le Golfe de Sainte Euphémie.

Sinus Lasthenis, ou *Leosthenis*. Le Port aux femmes, *ou* Sarantacopa.

Sinus Leoninus. Le Golfe de Collioure.

Sinus, ou *Mare Leonis*. Le Golfe du Lion.

Sinus Limicus. Le Canal d'Alborg.

Sinus Persicus. Le Golfe d'Ormus, *ou* de Balsora, *autrement*, le Golfe Persique.

Sinus Phidalia. Voiez, *Sinus Lasthenis*.

Sinus Saronicus. Le Golfe profond.

Sinus Tacapanus. Le Golfe de Capes.

Sinus Terinaus. Le Golfe de Sainte Euphémie.

Sinus Thermaicus. Le Golfe de Saloniki.

Sinus Venedicus. Le Golfe de Livonie, *ou* de Riga.

Sinus Vibonensis. Le Golfe de Sainte Euphémie.

Sinus Virgitanus. Le Golfe de Cartagène.

Sipheum Bruttiorum. Montalto.

Siphnus. Sifanto.

Sipontum novum. Manfrédonia.

Sirastra. Surate.

Sirmium. Sirmic, *ou* Szerem.

Sirtis major. Le Golfe de Sidra.

Sirtis minor. Le Golfe de Capes.

Sisara. La Cisse.

Siscia. Sisçe, *ou* Sisseg.

Sithiu. Saint-Omer.

Sitifi. Estèfe.

Sitomagus Icenorum. Thetford.

Sitones. Anciens Peuples qui occupoient la Norwège.

Smyrna. Smirne.

Sogdiana. Deux Païs ont porté ce nom. L'un est aux Usbecs orientaux, entre le Sihun & le Gihun. L'autre est l'ancienne Adiabène, qui fait partie du Curdistan septentrional, le long du Tigre.

Soletum. Sotito.

Solimariaca nova in Leucis. Soulosse.

Solis Villare. Savillon.

Solona Lingonum transductorum. Citta di Solé.

Solorius. Sierra dé los Vertientes.

Solûs. Solunto.

Sontia Lucanorum. Sanza.

Sontii. Peuples de France, dans une partie de la Provence.

Sontius. L'Isonzo.

Sopronium Marcomanorum. Scapring, *ou* Oédembourg.

Sorabis. Rio Ségura.

Sordice. L'Etang de Leucate, *ou* de Salces.

Soricinum. Sorèse.

Sorviodunum. Salisbéri.

Sostantion, ou *Sustantion*. Ruines d'une ancienne Ville près des Villages de Castelnau & de Clapiers, à mille pas du grand chemin de Montpellier à Nîmes, & à pareille distance de Montpellier.

Soteropolis Æthiopum Hesperiorum. Banza, *ou* San-Salvador de Congo.

Soteropolis Brasilorum. San-Salvader du Brésil.

Satiates. Peuples de France, dans le Paiis de Foix.
Spancia. L'Espance.
Sparnacum. Epernai.
Sparta. Misitra.
Spedotenum. Epône.
Spinæ Atrebâtum transductorum. Spène.
Spinalense Castrum. Epinal.
Spoletium Umbrorum. Spolète.
Stabiæ. Castel a maré di Stabia.
Stagna Sabatia, ou *Sabatina*. Le Lac de Bracciano.
Stagnum Artynia. Voiez, *Apolloniatis*.
Stagnum Solecensium. L'Etanche.
Stailucus. Viselbourg.
Stampa. L'Etampe.
Stampæ Senonum. Etampes.
Statonia Etruscorum. Castro.
Stavellæ. Estaveaux.
Stephanopolis. Brassau, *ou* Cronstat.
Stirpiacus. Etrepei.
Stivagium. Etival.
Stœchades. Voiez, *Insulæ*.
Strada Leucorum Habendensium. Letrée, ou Létraie.
Strigonium. Gran, *ou* Strigonie.
Stricta Vallis. Etreval.
Strongylos. Naxie.
Strophades. Voiez, *Insulæ*.
Suana. Soana.
Suardones. Anciens Peuples de Poméranie, aux environs de Stétin, à la gauche de l'Oder.
Subdinnum Cenomanorum. Le Mans.
Subur. Le Cébu.
Sucro. Alzira.
Sucro. Riviére d'Espagne, qui reçoit Rio de Carlette.
Suel. Torré Molinos.
Suel. Molina.
Suelteri. Peuples de France, dans une partie de la Provence.
Suessa. Sessa.
Suessiones. Le Soissonnois, le Laonois, le Valois, & la Thiérache.
Suessiones Brigenses. Partie de la Brie Pouilleuse, en Champagne, où sont Château-Thierri en partie, Montmirel, & Buisson.
Suessiones Theorasci. La Thiérache.
Suessiones Vadenses. Le Valois.
Suessula. Castel di Sessola.
Suetri. Peuples de France, dans une partie de la Provence.
Suevo. Le Dofriins.
Suevus. La Swine.
Suffena, ou *Suffenas Sabinorum*. Montorio di Romagna.
Suillum, ou *Helvillum Umbrorum*. Sigillo.
Suindinum Cenomanorum. Le Mans.
Suiones. Anciens Peuples, qui occupoient la Laponie, & tous les Etats de la Suède occidentale.
Sulgas, ou *Sulga*. La Sorgue.
Sulmo Pelignorum. Solmona.
Sulmo Volscorum. Sermonéta.
Sumerium. Sommieres.
Summuranum Lucanorum. Murano.
Summus Pyrenæus. Sommeport.
Superequum Pelignorum. Castel Vecchio Subréquo, *ou* Subéquo.
Supra-montem. Tramontlassus.
Sura. Le Saur, *ou* le Sour.
Suricinium. Sorèse.

Surrentum. Sorrento.
Susa. Sustra, *ou* Tuster.
Suscidata. Stétin.
Susiane. Le Cusistan.
Sybaris. Le Cochibé.
Syene. Asna.
Sylvæ Antiæ. Les Forêts de Nettuno.
Sylva Aquulina. Grande Forêt de l'Isle de France qui s'étendoit depuis les sources de l'Orge jusqu'à celles de la Mandre, comprenoit ce qu'on appelle aujourd'hui les Bois de Louie, de Pontévrard, de Dourdan, de la Haie, des Ivelines, de Limours, *&c.* & descendoit le long de l'Ivette jusqu'à l'Orge, renfermant les Bois des Maréchaux, des Essars, de Maurepas, d'Elancour, de Trappes, de Chevreuse, *&c.*
Sylva-Ducis. Bôleduc.
Sylvanectes. Le Servois.
Sylvania Helvetiorum. La Province d'Undervald.
Sylva Hervillana. Bocherville, *ou* Saint George.
Sylviacus Vallensis. Sauvoi.
Symplegades. Voiez, *Insulæ*.
Sypilus. Montagne considérable de la Natolie propre, qui s'étend fort loin entre l'Est & l'Ouest, & borne au Sud la Plaine de Magnésie.
Syracusæ. Saragoça.
Syria. La Sourie.
Syros. Sira.

T.

TABAS. Tavi.
Tabaso. Doltabad.
Taberna Montana. Berg-Zabern, *ou* le petit Saverne.
Tabernæ Nemetum, ou *Rhenenses*. Rein-Zabern.
Tabernæ Treverorum. Bern-Cassel.
Tabernæ Tribochorum. Saverne, *ou* Elzas-Zabern.
Tacapa. Capes.
Tachuntia. Sacand.
Tacola. Le Roiiaume de Malaca.
Tader. Rio Ségura.
Tagus. Le Tage.
Talabrica nova. Aveiro.
Talamita. Talande.
Talogia. Le Comté d'Eu, & le Duché d'Aumale, dans le Païis de Caux, en Normandie.
Talogia Albamarlensis. Le Duché d'Aumale.
Talogia Aucensis. Le Comté d'Eu.
Talva Bigerronum. Tarbe.
Tamare Dumnoniorum. Tamerton.
Tamarus. Le Tamar.
Tamesis. La Tamise.
Tanager. Le Négro.
Tanais. Le Don.
Tanais. Asof.
Tanatis, ou *Tanetos*. Ténet.
Tanetum. Tanédo.
Taphræ. Pérécops.
Taras. Le Terrain.
Tarasco. Tarascon.
Tarasia. Dalan.
Tarbelli. Les Landes, le Basque, & le Béarn.
Tarbelli Aquenses. Les Landes de Gascogne, autour d'Ax.
Tarbelli Bencharnenses. Le Béarn.
Tarbelli Lapurdenses. Le Païis de Labour.
Tarbelli Sibillates. La Soule.

Tarbelli Vascitani. Le Basque.
Tarentum. Tarente.
Targines. Le Tacina.
Tarnaia, ou *Tarnada.* Saint Maurice, en Valais.
Tarnis. Le Tarn, *ou* le Tar.
Taros. Tergovis.
Tarracina. Terracine.
Tarraco. Taragone.
Tarraga Vasconum. Larraga.
Tasta Osquidatium, ou *Ossidatium.* Montesquiou, sur l'Osse.
Tarsus. Tursum.
Tartessos. Torré di Cartagéna.
Tarvessedum Rhætorum. Masséde.
Tarvisium Venetorum. Trévise.
Tarusâtes. Le Theursan.
Tataria. La Tartarie.
Tataria Taurica, ou *Mœotica.* La petite Tartarie.
Taunus. Le Heiric, *ou* le Hohé.
Taurasia. Turin.
Taurini. Peuples d'Italie, dans une grande partie du Piémont.
Tauriniacum. Torigni.
Taurisci. Peuples d'Allemagne, aux Etats d'Autriche, dans la Carniole.
Tauroeis, *entos*; *Taurentum*, *Taurenta.* La Ciotat.
Tauromenium. Taormina.
Tauromenius. Le Cantara.
Taurunum. Belgrade.
Taursanum. Le Tursan.
Taurus Laterna. L'Etang de Thau.
Taüs, ou *Tavus.* Le Tai, *ou* la Tuve, *autrement* la Twède.
Taxgatium Rhætorum. Tavetsch.
Taxila. Attoc, Ville.
Taxilia. Attoc, Roiiaume.
Teanum Apulum. Civita, *ou* Civitaté.
Teanum Sidicinum. Tiano.
Teate Marrucinum. Chiéti.
Tecelia Tubantum. Téclembourg.
Tecis. Le Tech.
Tectosages Reddenses. Le Rasès.
Tedanium. Le Zermagna.
Telchinis. Rodes.
Telesia Samnitum. Télèse.
Telis. Le Tet.
Tella. L'Ierre.
Telo Martius Camatullicorum. Toulon.
Telobis Lacetanorum. Martorello.
Temesia. Temeswar.
Templitofta. Criquetot.
Templivilla. Carquebu, Querkebi, Criquebeuf, Querqueville.
Tencteri. Peuples qui s'établirent vers Paderborn, Valdec, Marc, & Lippe, à la place des Sicambres que Tibere transporta dans les Gaules. Ils étoient auparavant dans la Westphalie, autour de Minden.
Tenedos. Ténédo.
Tenera Ostium. Dendermonde.
Tenerchebraium, ou *Tenerchebrachium.* Tinchebrai.
Tenna. La Tenne.
Tenna dorsum. Tendos.
Tenos, ou *Tenus.* Le Tine.
Tentyris. Andéra.
Tenuchtitlanum. Mexique.
Tenurcium. Tournus.
Teotuadum. Doué, en Anjou.
Tera. Le Tuerto.
Teredon. Bassora, *autrement* Balséra, *ou* Basra.

Tergeste. Trieste.
Terina. Nocéra.
Termes nova Arevacorum. Lerma.
Termes vetus Arevacorum. Nuesstra Signora, *ou* Notre-Dame de Tiermès.
Tertiaria. Tercere.
Terulum Turdetanorum. Tervel.
Teucera. Tieure.
Teucera Ambianorum. Tièvre.
Teurnia Noricorum. Villac.
Teutoni. Peuples des Isles Danoises, dans la Mer Baltique, proche le Jutland.
Teutonia major, ou *Teutonides Insulæ.* Séeland.
Teutonia minor. Fionie.
Texali. Peuples d'une partie de l'Ecosse.
Thagura. Campion.
Thaguria. Le Roiiaume de Tangut.
Thamiatis. Damiète.
Thapsus. Afrique.
Thassos. Taso.
Thebæ Bœotiæ. Tiva.
Thebais. Le Saïd.
Thebe Hecatompylos. Girgé.
Thebea. Le Minio.
Thedonis villa. Thionville.
Theodosia. Caffa.
Theologia. Tholei.
Theorascia. La Thiérache.
Thera. Santerini, *ou* Santorin.
Therasia. L'Isle Blanche, *ou* la Christiana.
Therma. Saloniki.
Thermæ Himerensium. Termini.
Thessalia. Le Coménolitari, *ou* la Thessalie.
Thessalonica. Saloniki.
Theudurum Gugernorum. Tudder.
Theupolis. Bursia.
Thia. Isle de la Méditerranée, entre Santorin & la Christiana, qui parut sous le regne d'Auguste.
Thina. Siam.
Thinissa. Tunis.
Thoarci, ou *Thoarchi.* Touars.
Thracia. La Romanie.
Thule. L'Islande.
Thuredunum Heluorum. Tournon.
Thyatira. Akissar.
Thysdrus. Cairoan.
Tiberiacum Ubiorum. Balchusen.
Tiberis. Le Tibre.
Tibetum. Chaparangue.
Ticinum Levorum. Pavie.
Ticinus. Le Tessin.
Tifernum Metaurense. Sant Angelo in Vado.
Tigernum. Tiern.
Tigranocerta, ou *Triganopetra.* Bitlis.
Tigulii. Peuples d'Italie, qui occupent une partie de l'Etat de Gènes, autour de Sestri.
Tigurini. Voiez, *Helvetii.*
Tigurum. Zuric.
Tila. La Tille.
Tilaventum. Le Tiliamento.
Tilense Castrum. Trichateau.
Tiliolum. Le Tilleul.
Tilietum. Tilli. La Tillaie. Le Tillet. Tillai.
Tilliuum, ou *Tillum.* Le Teil, *ou* le Til.
Timnus. Montagne peu haute, mais fort étendue dans la Natolie, entre les Villages de Soufoughirli & de Mandiagoia.
Tingis. Tanger.

Tinia. Le Tupino.
Tinnetio Rhætorum. Ténézoné.
Tinnocellum Brigantum. Tinmout.
Tiriscum. Tergovis.
Tissa, ou *Tisse.* Randazzo.
Titius. Le Kerca.
Tityrus. Le Mont de la Canée.
Tobinium. Zoffinguen.
Tobium. Toui.
Tobolium. Tobolsc.
Toedus. Le Toué.
Tolbiacum Ubiorum. Zulpic.
Toletum. Tolède.
Toliapis. Shépei.
Tolistoboii. Peuples originairement Gaulois, qui habitoient un canton de l'ancienne Galatie.
Tolosa Palladia. Toulouse.
Tomeriæ. Saint Pons de Tomieres.
Tonnagium. Tonnoi.
Torinna. Turenne.
Torni dorsum. Tournedos.
Torni fagetum. Torfou.
Torni tofta. Tournetot.
Torni villa. Tourneville, Tourville, Tournam.
Torni vicus. Tournebu.
Tornodorus. Tonnerre.
Tornomagus. Tournon.
Tornus ad Matronam. Tour-sur-Marne.
Toxandria. La Campine Brabançonne & Liégeoise.
Trachina. Terracine.
Traeis (entis). Le Triunti.
Tragonesus. La Dragonéra.
Tragurium. Trau.
Trajanopolis. Varhel.
Trajanum. Trani.
Trajectus Atrebâtum. Arras.
Trajectus Mosæ, ou *Superior.* Mastricht.
Trajectus Rheni, ou *Inferior.* Utrecht.
Tranculfi Hospitium. Trancôt, ou Trancaut.
Tranculfi villa. Tranqueville.
Trandolæ. Tronde.
Transacincum. Pest.
Transitus Guntiensis Danubii. Guntzbourg.
Trapezûs Drillorum. Trébisonde, ou Tarabosan.
Treba Æquorum. Trévi.
Trebia Umbrorum. Trévi, en Ombrie.
Trebula. Trévoux.
Trebulæ Mutuscæ. Monté Lioné della Sabina.
Trecæ Salyum. Trez.
Treva. Lubec.
Trevæ. Trèves, en Anjou.
Tremuletum. Le Tremblai. La Tremblaie.
Tremuletum Parisiorum. Le Tremblai, nom de deux Villages de l'Isle de France, à cinq lieues de Paris.
Tres Tabernæ. Saverne, en Alsace.
Treventium, ou *Treventum Samnitum.* Trivento.
Treveri, ou *Treviri.* L'Electorat de Trèves.
Treveri Lusciliburgenses. Partie orientale du Luxembourg.
Triangulus. Trainel.
Tribocchi. L'Alsace septentrionale.
Tribochi, ou *Triboces Saravenses.* Le Sargau.
Tribulium, ou *Triburium Dalmatarum.* Tréblgni.
Tricasses. Peuples de France, dans une partie de la Champagne, autour de Troies.
Tricasses Brigenses. Partie de la Brie

Brie Pouilleuse, en Champagne, où sont Sésane & Chatillon-sur-Morin.

Tricastini. Peuples de France, qui occupent une partie du Dauphiné, aux environs de Saint-Paul-trois-Châteaux.

Tricorii. Peuples de France, dans une partie du Dauphiné, au Territoire de Gap.

Tricornium. Golumbats.

Tridentini. Le Trentin.

Tridentum. Trente.

Trigisamum Noricorum. Trasmaur.

Triglypton. Pégu, Ville.

Trimetus. L'Isle de Trémiti.

Trinacria. La Sicile.

Trinium. Le Trigno.

Trinobantes. L'Essex.

Triocalum. Troccoli.

Tripolis. Tripoli.

Tripontium Coritanorum. Torcester.

Triquetra. La Sicile.

Trissum Metanastarum. Agria.

Triton. Capes.

Trivia. Trèves, en Anjou.

Trivicum Hirpinorum. Trévico.

Triviolum. Trévoux.

Troceium. Troucei.

Troezen. Trez.

Trogloditica. La côte d'Abex.

Tropaa Augusti. Torbia.

Trossulum Etruscum. Monté Fiasconé.

Trudonopolis. Saint Tron.

Truentus. Le Tronto.

Trundo. La Tiretaine.

Trunio. Trognon.

Tubantes. Le Tuvent, *ou* Tovent.

Tucci. Martos.

Tuder Umbrorum. Todi.

Tudinium, ou *Tuinum*. Tuin.

Tugeni. Le canton de Zug.

Tugum. Zug.

Tulcis. Le Francoli.

Tulga. Taoulas.

Tulliacum. Tuillé.

Tullum Leucorum. Toul.

Tumba Abrincatum. Le Mont Saint Michel.

Tumbella Abrincatum. Tombelaine en Mer.

Tumulus Alanorum. Tombelaine en Chaumontois.

Tungri. Peuples de la basse Allemagne, dans le Paiis de Namur, le Limbourg, le Paiis de Liége, & une partie du Luxembourg & du Hainaut.

Tungri Condrusii. Le Condros.

Tungri Eburones. Le Paiis de Liége.

Tungri Hagionenses. Partie orientale du Hainaut.

Tungri Lusciliburgenses. Partie septentrionale du Luxembourg.

Tungri Namucenses. Le Paiis de Namur.

Tura. Le Tur.

Turba. La Tourbe.

Turcarum Petra. Turquestain.

Turdetani. Peuples d'Espagne, qui occupent une partie de l'Aragon & du Portugal.

Turduli. Peuples d'Espagne, dans une partie du Portugal.

Turenses. La Turgovie.

Turia. Le Guadalaviar.

Turia. Albarasin.

Turiaso. Tarasone.

Turis. Le Guadalaviar.

Turius. Rio de Carlette.

Turnâcum. Tournai.

Turones. La Touraine.

Turonium. La Corogne.

Turris Libysonis. Porto Torré.
Turris Stratonis. Casair.
Turuntus. Le Vélico.
Tuscana. Toscanella.
Tusci. La Toscane.
Tusculum novum. Frascati.
Tusiacum. Tusci.
Tussiacum. Tussi.
Tusulutlania. Véra Paz.
Tutela. Tulle.
Tylus. Baharen.
Tyndaris. Tendaro.
Tyra. Le Niester.
Tyria. L'Europe.
Tyris. Turis.
Tyrius. Rio de Carlette.
Tyrrheni. La Toscane.
Tyrus. Sur.
Tzaconia. Le Bras de Maino.

V. U.

V*ABRÆ.* Vabres.
Vaccai. Peuples d'Espagne, dans le Roiiaume de Léon, & dans une partie de l'ancienne Castille.
Vada. Vageningen.
Vada Viriæ. Les Vés.
Vadani Mons. Vaudémont.
Vadensis Pagus. Le Valois.
Vadicasses. Le Territoire de Châlons sur Marne.
Vadinum Carnorum. Udine.
Vadum. Vé, *ou* Vés.
Vadum Colubrarium. Le Vaucouleurs.
Vadum Rotoialense. Le Vaudreuil.
Vadum Viriæ inferius. Le grand Vé.
Vadum Viriæ superius. Le petit Vé.
Vagienni. Voiez, *Batieni.*
Vagomundi Curtis. Moncourt.
Vagoritum novum Curiosolitum, ou *Arviorum.* Quimper-Corentin.
Vahalis. Le Vahal, *ou* le Vhal.
Valdidena nova. Inspruc.
Valentia Latinorum. Rome.
Valentia Segalaunorum. Valence en Dauphiné.
Valentianæ Nerviorum. Valenciennes.
Valeria Celtiberorum. Cuensa.
Valles Blosienses. Vaux en Bloise.
Valles Odornenses. Vaux en Ornais.
Vallia. La Vallie.
Vallicella. Vaucelle.
Valliculus. Le Vaugueux.
Vallis Asperia. Le Val de Spire.
Vallis Capraria. Valcrabere.
Vallis Colubraria. Vaucouleurs.
Vallis Confluens. Le Conflans.
Vallis Corbariensis. La Vallée de Corbieres.
Vallis Flaviana. Le Territoire de Saint Gilles, en Languedoc.
Vallis Galliæ. Le Val de Gallie.
Vallis Guidonis. Laval.
Vallis Mauriana. La Maurienne.
Vallis Nasturtii. Vaucresson.
Vallis Pennina. Le Valais.
Vallis Saltuensis. La Vallée de Sault.
Vallisoletum. Valladolid.
Vallum militare Unellorum. La Hague.
Vallum Paganelli. La Haie Painel.
Vandali. La Poméranie, & une partie du Brandebourg.
Vandalitia. L'Andalousie.
Vangiones. Peuples d'Allemagne, le long du Rhein, dans le Paiis de Maience & de Vormes.

Vanna. Vanves.

Vannia Euganeorum. Cividado.

Vanum Curtis. Banoncour.

Vapincum Caturigum. Gap.

Vara. Voiez, *Fara*.

Varactus. Véret. Guéret. Véret.

Vardo, ou *Vardus*. Le Gard.

Vardulia. Le Guipuscoa.

Varangesi Villa. Varangeville.

Varini. Anciens Peuples, qui habitoient cette partie du Duché de Mékelbourg où est Rostoc, sur les bords de la Mer Baltique.

Varini Quercetum. Vairinchanois.

Varis Ordovicum. Bodwar.

Varramus. Le Varmo.

Vartempa. La Guartempe.

Vasalia Treverorum. Ober-Wesel.

Vâsâtes. Le Basadois.

Vascones Aquitani, ou *maritimi*. La Gascogne.

Vascones mediterranei. La Navarre Espagnole, avec une partie de la Biscaie, & quelque peu de la Castille.

Vasconia. Vacogne.

Vasio nova Vocontiorum. Vaison.

Vassiacus. Vassi, dans le Valage.

Vastina. Gatine, *ou* Vatine, *ou* Lande.

Vastinensis Pagus. Le Gatinois.

Vastinium. Voiez, *Vastina*.

Vastinium candidum. Blanches Landes. *Burdigalense*, les Landes de Bordeaux. *Vasaticum*, de Basas.

Vastinnum. Vatan,

Vastum. Le Gast, *ou* le Vast.

Vatrenus. Le Saterno.

Vaurum. Lavaur.

Vaxeium. Voussei.

Ubii transducti. Peuples de l'Allemagne, le long du Rhein, qui occupoient l'Electorat de Cologne, & la plus grande partie du Duché de Juliers.

Ucecia. Usés.

Udo. L'Odon.

Udura Lacetanorum. Cordone.

Vecta, ou *Vectis*. L'Isle d'Ouight.

Vediantii. Voiez, *Vendiatii*.

Vedioca. Vieux.

Vedra. La Vere, *ou* le Tées.

Vedulum. Vâcon.

Vegeria. La Vègre.

Veii novi. Isola.

Veii veteres. Ruines d'une ancienne Ville d'Italie, dans la Toscane.

Veldidena Rhætorum. Ouilten.

Velia. Castel a maré della Brucca.

Velicer. L'Aa.

Velitræ Volscorum. Vellétri.

Vellavi. Le Velai.

Vellavum. Saint Paulien.

Velliacum. Vêli sur Aine.

Vellonaudunum Senonum. Montargis.

Velocasses. Ces Peuples occupoient les trois Vexins, sçavoir le Vexin Rouennois, qui tenoit les deux côtés de la Seine, entre l'Ene, la Rile, l'Evrevin & l'Andelle, le Vexin Normand, entre l'Andelle & l'Epte; & le Vexin François, entre l'Epte & l'Oise. Les premiers étoient *Velocasses occidui*; les autres, *Medii*, & *Ortivi*.

Velocasses occidui, ou *Pagus Rotomagensis*. Ce Canton en contenoit deux plus petits; sçavoir à gauche de la Seine le Roumois entre la Rîle, l'Evrevin, & la Seine; & à droite le Territoire de Rouen, entre l'Ene, la Seine, & l'Andelle.

Vemania Estionum. Vangen.

Vendasca Meminorum. Vénasque.

Venderia. Vendieres.

Vendiatii. Le Comté de Nice, & les Territoires de Senès & de Cimiès, en Provence.

Vendopera Calvomontensis. Vandœuvre, en Lorraine.

Venedi. La plus grande partie de la grande Russie occidentale.

Venedotia. Le Nord-Oualles.

Venetia Adriatica, ou *Veneti Adriatici*. L'Etat de Venise.

Venetia Celtica, ou *Veneti Oceanenses*. Le Diocèse de Vennes.

Venetiæ. Venise.

Venetiola, ou *Venetula*. Vénésuéla.

Venetiolæ. Coro.

Venicantes. Peuples d'une partie de l'Ecosse.

Venienii. Peuples d'une partie de l'Irlande.

Venta Belgarum transductorum. Vinchestre.

Venta nova Icenorum. Northouic.

Venta Silurum. Caervent.

Venusia Apula. Vénosa.

Venusia Baltica, ou *Cimbrica*. Huène.

Veoca. Vieux.

Vepitenum Rhætorum. Sterzingen.

Vera. La Vire.

Veragri. Le Valais occidental.

Verbinum Veromanduorum. Vervins.

Vercellæ Libycorum. Verceil.

Verga Bruttiorum. Rogiano.

Veriniacum. Vérigni.

Vermela. La Venèle.

Vermeringa. Bermerange.

Vernodubrium. Le Tet.

Vernolium. Verneuil.

Verobriva. Saint Lo.

Veromandui. Le Vermandois.

Veromanduorum Villare. Vermandovillers, *ou* Vermandouille.

Verometum Coritanorum. Burouhill.

Verra. Le Véser.

Vervactum. Guéret. Véret.

Verulæ Hernicorum. Véruli.

Verulamium Catyeuchlanorum. Verulam.

Vesalia. Ober-Vésel.

Vesatum. Visset.

Vescitania. Païis d'Espagne, qui fait partie de l'Aragon.

Vesentium Etruscorum. Bisentio.

Vesevus. Le Mont de Somme.

Vesidia. Versiglia.

Vesolum, ou *Vesullum Sequanorum*. Vesoul.

Vesontio. Besançon.

Vestini. Peuples d'Italie, dans une partie de l'Abrusse.

Vesvius. Le Mont de Somme.

Vesuna Petrocoriorum. Périgueux.

Vesuvius. Le Mont de Somme.

Vetera Castra Gugernorum. Santen.

Vetera Castra Viducassium. Vieux.

Vetoniana Vindelicorum. Ouinten.

Vettones. Peuples d'Espagne, qui occupent une partie du Portugal, & quelque peu du Roïiaume de Léon.

Vetturiones. Peuples d'une partie de l'Ecosse.
Vetulonia. Viterbe.
Vetus Burgus. Oudenbourg.
Vetus Claustrum, Oldencloster.
Ufens. Le Portatoré.
Uffugum Bruttiorum. Fognano.
Viaca Estionum. Ouageç.
Viadrus. Le Divenou.
Vibo Valentia. Bivona.
Vibraia. Guibrai. Vibraie.
Vicena. Vincennes.
Vicentia, ou *Vicetia*. Viçence.
Vici. Viques.
Vici tofta. Victot, *ou* Viquetot.
Vicinonia. La Vilaine.
Vicoflučtus. Ficfleur.
Victoriacum Pertisum. Vitri le François.
Viculus. Viquet.
Viculus Unellorum. Clitorp.
Vicus. Vic, Vicques.
Vicus Ambianorum. Vi sur Autie.
Vicus aquensis Bigerronum. Bagneres de Campan.
Vicus aquensis Convenarum. Bagneres de Luchon.
Vicus Augustus. Aouste, en Dauphiné.
Vicus Bigerronum. Vic de Bigôre.
Vicus Julius Aturum. Aire, dans la Chalosse.
Vicus Julius Nemêtum. Germersheim.
Vicus Ruminiacus. Romagnac.
Vicus Saturniacus. Torni.
Vicus Saxiacus. Sancerre.
Vicus Suessionum. Vis sur Aîne.
Vider, *dri*. Le Vect.
Vidiniacum. Voiruiné.
Vidogara. La Baie de Rian.
Vidonis curtis. Valcour, *ou* Valcop.
Viducasses. Peuples qui habitoient une partie du Bessin, autour de Vieux.
Vidula. La Vêle.
Vidus. Le Void.
Vienna Allobrogum. Vienne en Dauphiné.
Vigenna. La Vienne.
Vigornia. Vorchester.
Villa. Ham, le Homme. Torp.
Villa Blosiensis. Vile en Blésois.
Villa Faustina Icenorum. Buri, *ou* Saint Edmunsburi.
Villa Issiaca. Vilissei.
Villa mollis, *Vilemeldis*, ou *Villemodis*. Vilemeus.
Villa-portûs. Saint Nicolas en Lorraine.
Villare. *Villarium*. *Villaris*. Villers. Villiers.
Villaris ad collum Retiæ. Villers-Côte-Rets.
Villula. Le Hamel, le Hommeau, le Hommel, le Hommet. Villers. Villiers. Clitorp.
Vilumbri. Le Duché d'Urbin.
Vinciacus. Vincei.
Vindalicus. La Sorgue.
Vindalum. Le Port de la Traille.
Vindelici. Peuples d'Allemagne, dans une partie de la Baviere & de la Souabe. Voiez, *Rætia secunda*.
Vindili. Peuples d'une grande partie de l'Allemagne.
Vindo. Le Verdac.
Vindobôna Noricorum. Vienne en Autriche.
Vindocinum Carnutum. Vendôme.
Vindomagus Volcarum Arecomicorum. Usès.
Vindonissa Ambronum. Ouindisch.

Vineolæ Portenses. Vigneules.
Vinetum Bedense. Vignot.
Vinnovium, ou *Vinovia Brigantum.* Binchester.
Vintium Nerusiorum. Vence.
Vipera. Le Vipper.
Vipitenum Rhætorum. Sterzingen.
Virgi. Almaçaren.
Virgilia Bastitanorum, ou *Contestanorum.* Murcie.
Viridis Sylva. Grimbosc.
Viridis Villa. Grainville.
ViroconiumCornaviorum. Shrouwesburi.
Viroduni. Le Verdunois, *ou* le Territoire de Verdun.
Viroduni Odornenses. Le Paiis d'Orne.
Virodunum. Verdun.
Viroviacum. Vervic.
Virsio. Vierzon.
Virunum Noricorum. Volcmarc.
Virus. Rio Vau Cerveiro.
Viscellæ, ou *Viscelli Noricorum.* Ouelts.
Vischeriacum Segintensium. Vicherei.
Vistillus, ou *Vistula.* La Vistule.
Visurgis. Le Véser.
Vitefleda. Le Durdan.
Vitodurus novus. Ouinterthur.
Vitodurus vetus. Le vieux Ouinterthur.
Vitreus. Le Vistre.
Vivarium Helviorum. Viviers.
Ulda. L'Oust.
Uliarus. L'Isle d'Oleron.
Ulla. L'Ouilla, Riviére & Ville d'Espagne, dans la Galice.
Ulmanetæ. Le Servois.
Ulmensio. Ourmansan.
Ulmetum. L'Ormoi. L'Ormoie. Ormesson. Ormai.
Ulpia Trajana. Varhel.
Ulpianum. Varadin.
Ulterior Portus Caletum. Le Tréport.
Umbri. L'Ombrie.
Umbro. L'Ombroné.
Unda. L'Oignar.
Unelli. Le Cotentin.
Uniacus. Ugni.
Voberna Euganeorum. Boarno.
Vocontii. Le Diois & le Territoire de Vaison.
Vogesus. Le Mont de Vôge.
Volcæ. Le Languedoc & le Roussillon.
Volcæ Arecomici. Le bas Languedoc.
Volcæ Atacini. Le Territoire de Narbonne.
Volcæ Sardones. Le Roussillon.
Volcæ Tectosages, ou *Tectosagi.* Le haut Languedoc.
Voliba Damnoniorum. Falmout.
Volonia. La Vologne.
Volsci. Peuples d'Italie, qui occupent une partie de la Campagne de Rome.
Volsinii Etrusci. Bolséna.
Volubis. Fès.
Vomanus. Le Vomano.
Voreda Brigantum. Old Carlile.
Vorganium Osismiorum. Tréguier.
Vosavia Treverorum. Ober-Ouésel.
Urania Helvetiorum. La Province d'Uri.
Uranopolis. Scutari.
Urba. L'Orbe, Riviere de Suisse, au Paiis de Vaud.
Urba. Orbe, Ville de Suisse.
Urbia. L'Orge.
Urbigeni. Peuples d'Allemagne, en Suisse, au Territoire d'Orbe.

Vrbinum Hortense. Urbin.
Vrbinum Metaurense. Duranté.
Vrbis, ou *Vrbs*. L'Orba.
Vrbs Salvia. Urbisaglia.
Vrci. Almaçaran,
Vrcinium. Adiazzo.
Vrgi. Almaçaran.
Vrgo. Gorgona.
Vria Calabrorum. Oria.
Vrius. Le Tinto.
Vromela. Dormeil sur Quêne.
Vrsa. La Reuss.
Vrsa Bruttiorum. Orso.
Vrsella Helvetiorum. Uri.
Vrsentum Bruttiorum. Orso.
Vrso. Ossone.
Vrsus Frigidus. Urfroid.
Vscudama. Andrinople.
Vserca. Userche.
Vsipii. Peuples qui occupoient le Duché de Clèves, au-delà du Rhein, & une partie de l'Evêché de Munster.
Vterini. Peuples d'une partie de l'Irlande.
Vtica. Biserte.
Vticum. Ouche, *ou* Saint Evrou.
Vtrio. L'Oron, *ou* l'Auron.
Vtunta. Zunzen.
Vulceia, ou *Vulci Lucanorum*. Bucino, *ou* Bulcino.
Vuldraca. Le Leudrac.
Vulferii Curtis. Vrécourt.
Vulgientes. Peuples de France, en Provence, autour d'Apt.
Vulturnum. Castello di Voltorno.
Vulturnus. Le Voltorno.
Vxama Arevacorum. Osma.
Vxantis. L'Isle d'Ouessant.
Vxella Dumnoniorum. Lestuthiel.
Vxellodunum Cadurcorum. Lieu ruiné sur la Montagne appellée le Pech d'Ussolun, près de Martel, sur la Dordogne, dans le Querci, vers le Limosin.
Vxentum Calabrorum. Ugento.

X.

XANTHVS Sericus. Le Hoamho, *ou* la Riviére Jaune.
Xanthus Troadis. Fischio.
Xixiganum. Naun.

Y.

YVNGVS Treverorum. Ligni.

Z.

ZACYNTHVS. Zante.
Zancle. Messine.
Zarmigethusa. Varhel.
Zilia. Arzille.
Zioberis. Le Carzan.

NOMS

DE QUELQUES LIEUX DE L'ANCIENNE GAULE,

Qui ne sont point assurés.

Bratuspantium Bellovacorum.
Brenacum Suessionum.
Bernacum Suessionum.
Argenus. Dans le Bessin.
Vagoritum Curiosolitum. Dans le Diocèse de Cornouailles.
Morvinnum. Dans le Morvan.
Lemonum, ou *Limonum Pictonum.*
Garumni. Riviére, Verdun, *ou* le Nébousan.
Rasabocates. | *Bercocates.* | *Vocates.* | *Cocosates.* | *Sibutsates.* | *Tarusates.* | *Preciani.* | *Latusates.* } *In Novempopulaniâ.*
Sotia. Ibidem.
Beneharnum. Ibidem, in Tarbellis.
Eleutheri. In Volcis.
Cambolectri Atlantici. In Volcis.
Augusta Tricastinorum. Dans le Dauphiné.
Noviodunum Tricastinorum.
Deccates. | *Vediantii.* | *Nerusii.* | *Suelteri.* | *Alaunium.* | *Accusio Cavarum.* } En Provence.
Centrones. | *Pleumosii.* | *Minariacus.* | *Nemetocenna.* | *Nemetacum.* | *Aduaticorum Civitas.* | *Andethannale.* | *Andethanna.* | *Pœmani.* | *Astenidum.* } Dans la basse Allemagne.
Pagus Stadinisus, ou *Stadonensis. In Treveris, vel Remis.*
Ribiscus. In Urbigenis.
Tarnates, ou *Tarnades.* Nom d'une ancienne Ville contigue à *Acaunum.*
Heraclea Rhodanica. Nom d'une ancienne Ville, entre les bouches du Rhône.
Brivates Portus. Nom d'un ancien Port de France, à la pointe occidentale de la basse Bretagne, différent d'un autre de même nom, proche l'embouchure de la Loire, sur la côte méridionale.
Arialbinnum.
Alisontia. Riviére, qui tombe dans la Moselle.
Gergobia Arvernorum.
Bergidum Ilergetum.
Bibona. In Aquitaniâ.
Metiosedum. In Parisiis.
Olbia. En Provence.

FIN DU DICTIONNAIRE LATIN-FRANÇOIS.

APPROBATION.

J'AI lû, par ordre de Monseigneur le Chancelier, *la seconde Partie de l'Essai de Géographie*, ou *Dictionnaire Géographique, François-Latin*, & *la troisiéme Partie*, ou *Dictionnaire Géographique, Latin-François*; & il m'a paru que cet Ouvrage seroit d'une grande utilité. A Paris, ce 8 Mars 1743.

Signé, SOUCHAY.

PRIVILÉGE DU ROY.

LOUIS par la grace de Dieu, Roy de France & de Navarre. A nos amés & féaux Conseillers les Gens tenans nos Cours de Parlement, Maîtres des Requêtes ordinaires de notre Hôtel, Grand-Conseil, Prevôt de Paris, Baillifs, Sénéchaux, leurs Lieutenans Civils & autres nos Justiciers qu'il appartiendra, SALUT. Notre bien-amé CLAUDE-CHARLES THIBOUST, l'un de nos Imprimeurs ordinaires à Paris, nous a fait exposer qu'il désireroit faire imprimer & donner au Public deux Manuscrits qui ont pour titre, *Essai de Géographie, pour les Commençans*, & *Dictionnaire Géographique*, s'il Nous plaisoit de lui accorder nos Lettres de Privilége pour ce nécessaires; A CES CAUSES, voulant favorablement traiter l'Exposant, Nous lui avons permis & permettons par ces Présentes de faire imprimer l'Ouvrage ci-dessus spécifié, en un ou plusieurs Volumes, & autant de fois que bon lui semblera, & de les vendre & faire vendre & débiter par tout notre Royaume, pendant le tems de *neuf années* consécutives, à compter du jour de la date desdites Présentes: Faisons défenses à toutes sortes de Personnes, de quelque qualité & condition qu'elles soient, d'en introduire d'impression étrangere dans aucun lieu de notre obéissance, comme aussi à tous Libraires, Imprimeurs & autres, d'imprimer, faire imprimer, vendre, faire vendre, ni contrefaire ledit Ouvrage, ni d'en faire aucun extrait, sous quelque prétexte que ce soit d'augmentation, correction, changement, ou autres, sans la permission expresse & par écrit dudit Exposant, ou de ceux qui auront droit de lui, à peine de confiscation des Exemplaires contrefaits, & de trois mille livres d'amende contre chacun des contrevenans, dont un tiers à Nous, un tiers à l'Hôtel-Dieu de Paris, & l'autre tiers audit Exposant, & de tous dépens, dommages & intérêts: A la charge que ces Présentes seront enregistrées tout au long sur le Registre de la Communauté des Libraires & Imprimeurs de Paris, dans trois mois de la date d'icelles; que l'impression dudit Ouvrage sera faite dans notre Royaume, & non ailleurs, en bon papier & beaux caractéres, conformément à la feuille imprimée, attachée pour modéle sous le contre-scel desdites Présentes; que l'Impétrant se conformera en tout aux Réglemens de la Librairie, & notamment à celui du 10 Avril 1725. Et qu'avant de les exposer en vente, le Manuscrit ou Imprimé qui aura servi de copie à l'impression dudit Ouvrage, sera remis dans le même état où l'Approbation y aura été donnée, ès mains de notre très-cher & féal Chevalier le Sieur Daguesseau, Chancelier de France, Commandeur de nos Ordres; & qu'il en sera ensuite remis deux exemplaires dans notre Bibliothéque Publique, un dans celle de notre Château du Louvre, & un dans celle de notre très-cher & féal Chevalier le Sieur Daguesseau, Chancelier de France, le tout à peine de nullité des Présentes: Du contenu desquelles vous mandons & enjoignons de faire jouir ledit Exposant & ses ayans-causes pleinement & paisiblement, sans souffrir qu'il leur soit fait aucun trouble ou empêchement. Voulons que la copie desdites Présentes, qui sera imprimée tout au long au commencement ou à la fin dudit Ouvrage, soit tenue pour dûement signifiée, & qu'aux copies collationnées par l'un de nos amés & féaux Conseillers & Secretaires, foi soit ajoutée comme à l'original; Commandons au premier notre Huissier ou Sergent sur ce requis, de faire pour l'exécution d'icelles tous actes requis & nécessaires, sans demander autre permission, & nonobstant clameur de Haro, Charte Normande, & Lettres à ce contraires: Car tel est notre plaisir. DONNE' à Fontainebleau le vingt-septiéme jour du mois de Septembre, l'an de grace mil sept cent quarante-trois, & de notre Regne le vingt-neuviéme. Par le Roy en son Conseil.

Signé, SAINSON.

Registré sur le Registre XI. de la Chambre Royale & Syndicale des Libraires & Imprimeurs de Paris, n°. 243, fol. 200, conformément aux anciens Réglemens, confirmés par celui du 28 Février 1723. A Paris ce 28 Septembre 1743.

Signé, SAUGRAIN, Syndic.